孩子的成长
比成绩更重要

顾红英/著

中国商业出版社

图书在版编目（CIP）数据

孩子的成长比成绩更重要 / 顾红英著 . -- 北京：中国商业出版社，2021.1

ISBN 978-7-5208-1399-0

Ⅰ . ①孩…　Ⅱ . ①顾…　Ⅲ . ①家庭教育　Ⅳ . ① G78

中国版本图书馆 CIP 数据核字 (2020) 第 237981 号

责任编辑：杨林蔚　佟 彤

中国商业出版社出版发行

010-63180647　www.c-cbook.com

（100053 北京广安门内报国寺 1 号）

新华书店经销

三河市国新印装有限公司印刷

*

880 毫米 ×1230 毫米　32 开　7 印张　185 千字

2021 年 1 月第 1 版　2021 年 1 月第 1 次印刷

定价：48.00 元

* * * *

（如有印装质量问题可更换）

前言

每个父母都希望孩子能够考取高分，甚至是考满分。为此，他们不惜花费重金为孩子报名参加各种各样的补习班，也拼尽全力地为孩子创造更为便利的条件，就是希望孩子能够如他们所愿地考取满分。然而，对于孩子的成长而言，考取满分真的有那么重要吗？考取满分就意味着孩子获得了很大的进步，也在各个方面都有杰出的表现了吗？答案当然是否定的。

曾经有资深的教育专家提出：不要让孩子考满分。这是为什么呢？父母们对于这位教育专家的观念都不理解，他们依然迫切地希望孩子能够考满分。这位教育专家指出，如果孩子总是考满分，那么他们就会在细枝末节上浪费时间，他们就不能够把更多的时间和精力用在钻研的问题上。实际上，对于孩子的成长而言，他们应该更注重最重要的方面，即发挥自己的想象力和创造力，而不要为了做到完美无瑕，就要占用自己太多的时间和精力。

但有些父母并不同意这位专家的意见，他们还是会督促孩子认真学习，尽量考满分，从而在激烈的竞争中脱颖而出，这也是现实对于孩子提出的要求。不过有一点毋庸置疑，那就是孩子的成长涉及方方面面，学习并不是孩子成长的全部。从另一个角度来说，学习覆盖的面很广，而不仅仅关乎成绩。成绩仅是孩子成长的足迹，成长才是孩子人生的目的，对于孩子而言，成长永远比成绩更重要。

如今，大多数父母对孩子的教育都本末倒置了，他们希望孩子能够掌握更多的知识以应付考试；希望孩子能够在各种各样的竞赛中脱颖而出，以优秀的成绩博取关注。曾经有教育专家对大量孩子的成长进行追踪调查后发现，在大多数孩子的身上都出现了奇怪的第十名现象。什么是第十名现象呢？就是那些在班级里不折不扣的学霸，那些在班级里排名前几的孩子，在长大之后往往会淡出优秀者的行列。而那些在班级里排名第十左右的孩子，因为在学习上学有余力，获得了更全面的发展，使自己的综合能力得以提升，所以在离开学校步入社会、走上工作岗位之后，反而有更加出色的表现。

因为对成绩过于看重，每当孩子考试的时候，很多父母都比孩子更加紧张。他们在孩子考试之前祈祷着孩子能够取得好成绩；在孩子考试之后，他们的态度根据孩子考试的分数又有很大变化。父母唯分数论会导致家庭教育和学校教育重心严重失衡，使得教育问题层出不穷。

如今，所有家长都承受着孩子学业的压力，与此同时，他们也会把这种压力转嫁到孩子身上，使得很多孩子小小年纪就出现了各种各样的心理问题。例如，有些孩子会厌学，缺乏自信，紧张焦虑，甚至出现失眠等情况。还有一些孩子因为不堪重压变得非常叛逆，他们动辄就离家出走，或者是去网吧彻夜不归，极端的甚至还会采取轻生的方式要挟父母，这样的情况当然是父母所不愿意看到的。

要想改变这样的情况，父母就要知道，对于孩子而言，高分永远都是次要的，成长才是应该排在第一位的，这对于孩子而言也是最重要的事情。一切教育者，包括老师和父母在内，都应该更加看重孩子的全面发展。毕竟孩子未来的人生道路是很漫长的，如果没有健全的人格、高尚的品德和成熟的心智，那么孩子就无法从容应对现实生活，更无法在诸多的竞争者中脱颖而出。孩子需要拥有更强大的心理承受能力，才能在现实生活中游刃有余。现在有很多孩子的心理承受能力都非常差，一旦遇到小小的挫折，他们就会感到无力承受，受到沉重的打击。想想，在未来的人生中，肯定还会有各种各样的考验在等着他们，那么他们又如何能经受得住考验呢？父母要关注孩子的玻璃心，也要在抚养孩子成长的过程中历练孩子，让孩子有更出色的表现，也让孩子的内心能够变得越来越强大。

每一个为人父母者在看到这本书的时候，都应该重新审视自己的教育理念，都应该扪心自问：我到底希望孩子拥有怎样的人生？父母要端正教育的心态，意识到孩子能够健康快乐地成长才是最重要的。只有拥有幸福快乐的童年，孩子的一生才会拥有幸福的基调。如果孩子在童年时期就因为不堪重负而心力交瘁，与父母之间的关系剑拔弩张，那么孩子就会产生强烈的厌学情绪，将来他们又怎么可能会有所成就呢？虽然孩子会有属于他们自己的人生，但是在成长的过程中，孩子的心智发育不健全，严重缺乏人生经验，所以父母一定要当好孩子的领路人，让孩子快乐成长！

目录

CATALOGUE

第一章 成绩是学习的脚印，成长是人生的目标

每个孩子都正处于成长的过程中，对于成长，作为父母的理解却是不同的。有些父母认为孩子就要长得身强体壮；有些父母认为孩子就应该无忧无虑，享受快乐；更多的父母则认为孩子必须好好学习，取得优异的学习成绩，才能够有好的前途。的确，在成长的过程中，孩子会用大量的时间学习，这也意味着孩子必然会承受各种压力。这些压力之中既有正面的，也有负面的。所谓正面的压力，就是孩子在面对困难时，能够勇敢地战胜困难；所谓负面的压力，就是孩子被父母寄予了过高的期望，被要求必须考取很高的分数，因而感到身心疲惫，不堪重负，甚至会被父母的期望压垮。父母一定要知道，成绩是孩子学习的脚印，成长才是孩子人生的目标。一时的成绩并不能代表孩子一生的成长，父母要把目光看得长远，要给予孩子充满爱和自由的成长环境，孩子才会健康成长，拥有美好的未来。

学生从不分优劣，只分特长

作为学生，最担心的就是在学校里被分为三六九等，偏偏有很多父母和老师都认为学生是可以分为优等生、中等生和差等生的。如果有人进行调查，询问学生们是否赞成把学生分为三六九等，那么学生们在听到这个问题的时候就会窃喜，并且环顾四周，想看看周围是否有人和自己一样，持有相同的想法。他们会暗自庆幸：终于有人说出了这个真相。

的确，对于学生来说，不管是成绩非常好的学生，还是成绩很糟糕的学生，他们从本心而言，并不想展开如此激烈的竞争。有心理学家经过研究发现，即使是那些真正的学霸，也不愿意在学习的过程中频繁地考试，更不想接受排名。

曾经有一个调查机构针对在校的初高中学生进行调查，发现学校中至少有 96% 的学生都反对把学生根据成绩优劣划分为三六九等，甚至连那些学习成绩优异的学生，也不希望被称为“优等生”。这是为什么呢？对于学习成绩优异的孩子来说，他们很愿意和更多的同学交往，收获快乐，但是却因为对方学习成绩较差而被父母禁止与对方交往，这使孩子的交际范围越来越窄，让孩子不能在与同龄人相处的过程中获得快乐和成长。而对于那些学习成绩相对比较差的孩子来说，被冠以“差等生”的名号当然会让他们感到非常难堪和尴尬。实际上，他们除了在学习上不占据优势之外，还是有很多优点的，例如有一些孩子擅长画画儿，有一些孩子体育成绩特别好，有一些孩子喜欢音乐。遗憾的是，这些优点都被他们学习成绩不佳掩盖了。

如果有一天，不管是父母还是老师，都能够不再以学习成绩来对孩子归类，而是以特长来判定孩子的发展方向，对于孩子来说，这真是一件值得高兴的事情。现实生活中，偏偏有很多老师和父母都对此执迷不悟，这是因为他们在孩子的学习上还固守着传统的观念，认为只有学习成绩好的孩子将来才有出息。这不但会局限孩子的成长，而且会让孩子在成长中进入误区。现代社会经济快速发展，思想观念越来越开放，所以我们应该借此机会改变传统的偏见，紧跟时代的潮流。尤其是在对待孩子的教育问题上，应该以更全面的思维去看待孩子的教育，也能够以更加中肯的态度去评价和综合衡量孩子。

教育部严格规定，禁止以任何方式给未成年的学生贴上“优等”或者“差等”的标签，这是因为学校是教书育人的地方。在学校里，孩子应该快乐地学习，健康地成长，形成健全的人格。偏偏有很多学校都成为好学生鉴定办事处，上至学校领导，下到普通老师，全都瞪大了眼睛，想要发掘出一棵好苗子，重点栽培，为学校增光，给自己的脸上贴金。在对孩子有了粗浅的了解之后，他们就凭着学习成绩的高低对学生进行了划分，不得不说，这对于孩子是很不公平的。

古今中外，很多伟大的人物并不是优等生。很多父母和孩子都知道爱因斯坦的三个小板凳，也都知道爱迪生、牛顿等伟大的科学家小时候的逸闻趣事。当然，也许有些父母会觉得这些人距离我们的生活太远，那么我们就来说一说购物网站的开拓者马云吧。马云是中国电子商务的开拓者，他创造了阿里巴巴网站，在互联网行业里是众人仰慕的风云人物。马云不仅没有上过名牌大学，而且高考的时候接连两次落榜，第三次才考上了一所师范学校。再往前追溯，马云在小时候，就读于普通的小学、中学，但是这一切都并不妨碍他缔造传奇人生。由此可见，上普通的学校，在学校里未取得最优异的成绩，都没有影响马云成为中国互联网行业的领军人物。

孩子的成长是一个漫长的过程，不能只以一时的成绩为代表。作为父母，首先要端正心态，不要因为孩子的学习成绩暂时落后，就戴着有色眼镜看待孩子。对于孩子来说，也不要因为自己在学习成绩方面暂时落后，就自我认定为差等生，因此而沮丧绝望。当然，即使学习成绩非常好，是不折不扣的优等生，也没有必要因此而骄傲自大。在学校的环境中，每一个孩子都是独立的生命个体，孩子之间应该互相尊重，融洽相处。作为老师和父母，都要以特长来看待孩子，也给孩子机会发挥长处，避开短处。如果老师和父母坚持这样做，相信孩子将会更加快速地成长。

真正的人才绝不是那些高分低能的孩子，也不是那些只知道埋头读书的人，而是能够把知识活学活用，从而形成核心竞争力的人。一个人不可能面面俱到，与其花费所有的时间和精力用于弥补自己的短处，还不如把这些时间和精力用来培养自己的长处，这样才能够在学习上占据更大的优势，也才能够在学习上更快速地进步。

成绩是学习的脚印

很多孩子一听到要考试就很发愁，因为他们生怕成绩不好，在学校里被老师批评，回到家里被父母责骂，甚至还会因此而引起一串连锁反应：取消零花钱，不允许玩游戏，每天的学习时间延长一个小时，必须做一些家务……总之，父母对待孩子考试成绩欠佳的惩罚方式形形色色，千奇百怪。然而，在一个班级里，在一所学校中，有多少孩子是学霸，又有多少孩子能在学习方面始终出类拔萃呢？即使父母不愿意承认，也必须接受一个事实，即自家的孩子很有可能是学习方面的平平者。

对于学生而言，学习成绩固然重要，却不是唯一重要的。每个孩子在学习方面的天赋是不同的，能力也有高低，再加上家庭环境等外界因素也在发挥作用，所以即使在同一个班级里，孩子们的学习表现也各不相同，学习成绩更是相差悬殊。

孩子从六岁正式开始接受系统的学校教育，到大学本科毕业，至少要坚持学习十六年。在此过程中，他们经历无数次考试，无数次承受成绩带来的压力，无数次面对父母的笑脸或者是哭脸，内心受到的煎熬可想而知。在现代社会中，绝大部分父母都陷入教育焦虑状态，望子成龙，望女成凤，恨不得孩子在一夜之间就能成才，对教育怀着急功近利的心态。正是因为如此，他们会把成绩看得更重要。只有极少数父母才知道，孩子需要成长，而成绩只是孩子学习的脚印。

学校里之所以每隔一段时间就会组织孩子们考试，目的绝不是让父母有充分的理由狠狠训斥孩子，以孩子成绩不好为由剥夺孩子的各种权利，而是为了考查孩子的学习效果，检测孩子的学习收获，让孩子在一个阶段的学习生活中留下脚印。在漫长的学习生活中，考试起到承上启下的作用，让孩子知道自己前一个时期的学习效果如何，是否需要改进和提升，也让孩子知道在未来应该如何对待学习，从而查漏补缺，争取下次以更好的成绩通过阶段测试。如果孩子每次考试之后，家里都会鸡飞狗跳，那么考试还有什么意义呢？

作为一名学生，当然要努力学习，争取获得好成绩。如果已经非常努力，却没有取得好成绩，也无须气馁。近些年来，很多父母都高喊着“不要让孩子输在起跑线上”的口号，异常热情和积极地为孩子报名参加各种补习班、兴趣班，而从不征求孩子的意见。有些家庭的经济条件并不好，父母在给孩子报名的时候却一掷千金甚至万金，生怕落后于人。其实，这些父母的想法都是错误的，和做很多事情把钱花到位就能得到更好质量的商品或者更优质的服务相比，孩子的学习表现和学习成绩并非完全与金钱挂钩。

学习是需要主动才能学好的，如果父母以各种方式强求孩子必须有更好的学习表现，也一厢情愿地要求孩子必须考取好成绩，是根本不可能实现的。父母还要以更长远的目光看待孩子的学习。孩子之所以需要学习，并不只是为了在短期内取得好成绩，而是为了在漫长的人生道路上形成强大的学习力。在融入学校生活的过程中，孩子还能发展各个方面的能力，如社交能力、处理问题的能力、思考能力、心理承受能力等。和单纯的学习能力相比，这些全面的能力显然更重要。从这个意义上来说，成绩的好坏只是孩子众多能力之一——学习力的片面表现。有些孩子也许不擅长学习知识，但很擅长实际操作，也很擅长解决问题。这说明孩子其他方面的学习力还是很强的。

每个孩子的成长道路都是不同的，他们也会在成长道路上留下属于自己的脚印。每一个脚印都意味着孩子已经完成了前一步，而即将迈出后一步。在漫长的人生道路上，每个孩子都必须脚踏实地地走好每一步，才能一步一个脚印地实现成长，收获进步。正如美国教育家斯宾塞所说的，作为父母切勿过于看重孩子的成绩，而是要更加注重培养孩子的思维能力和学习方法，激发孩子对于学习的兴趣，让孩子对学习始终满怀好奇心。从现在开始，再也不要以成绩判断孩子的优劣，更不要让孩子形成以成绩高低为荣辱的意识。只有父母对成绩坚持正确的态度，孩子才能健康快乐地成长。

父母要放下虚荣心，认识孩子的好

每到考试结束之后，成绩即将出来的时候，总是几家欢喜几家愁。很多父母看到孩子考取了优异的成绩，高兴得合不拢嘴，恨不得给孩子各种奖励。而当看到孩子的成绩不太理想时，一些父母会生气地训斥孩子，或者丝毫不留情面地批评孩子。不得不说，对于孩子而言，这是一件非常残酷的事情。即便是那些出类拔萃的学霸，也不能够保证自己在每次考试中都做到万无一失，更别说那些在学习上处于劣势的孩子了。对于每一个孩子而言，想要考取满分都是很难的，那么，父母为什么对满分看得如此重要呢？这是因为在大多数父母的心目中，满分的成绩不但能够表现出孩子现在的学习状态，而且与他们的“面子工程”息息相关。正是因为父母如此看重面子，虚荣心作祟，所以满分才会成为一座大山沉甸甸地压在孩子的心上，让孩子感到非常无力，也非常无奈。

如果父母的眼睛只盯着孩子是否考了满分，那么父母就不会看到孩子在其他方面的表现。他们不但对孩子的其他优点视而不见，对孩子那些薄弱的地方也会熟视无睹。作为父母，一定要接受一个事实，那就是绝大多数孩子都资质平平，他们无论多么辛苦努力，都无法考取满分的成绩。每个孩子在学习方面的天赋是不同的，有些孩子在学习方面天赋很高，轻轻松松就能够学得很好，而有些孩子在学习方面的天赋相对较低，他们或者记忆力不好，或者逻辑思维能力比较差，这就意味着他们在学习上即使非常努力，也很难取得令父母满意的成绩。还有一些孩子心理素质比较差，虽然平日里学习表现很好，但是一旦遇到重要的考试，他们就会因为心慌意乱而导致成绩出现波动。

父母要知道，孩子能否考取满分并不完全取决于他在学习方面的实力，还会受到很多其他因素的影响。父母对此一定要有正确的认知，也要给予孩子适度的压力，但不要对孩子提出要考满分的要求。在成长的过程中，每一个孩子都会经历各种各样的挫折和磨难，也会因此而承受不同程度的压力，作为父母，应该是孩子的引路人，也是孩子的监护者。父母要陪伴在孩子的身边，成为孩子最坚强的后盾，在必要的时候，对孩子伸出援手，也要激励孩子持续地向着巅峰攀登。

当发现孩子对于学习已经非常努力，但是却不能得到想要的成绩时，父母无须过于指责孩子。父母要看到孩子的努力，也要认可孩子的努力。判断孩子在学习上的表现并不完全取决于成绩，父母要有更为开阔和长远的目光，要看到孩子在学习之外那些闪光点，从而发掘孩子的闪光点，给予孩子因势利导的影响力，也给予孩子积极的帮助。当父母认识到孩子的好时，孩子就会充满自信。反之，如果父母并不能认识到孩子的优势和长处，而总是对孩子提出各种苛刻的要求，那么孩子就会变得自卑，在学习上也会陷入更被动的状态之中。

这些年来，青少年自杀现象时有发生。对父母来说，这是一个非常惨痛的教训。遗憾的是，虽然在这些恶性自杀事件发生的时候父母会感到非常痛心，但是等到这件事情的影响渐渐消散，父母又会再次要求孩子考取满分。这使得满分成为压垮孩子的最后一根稻草，让孩子在重压之下不得不选择以各种方式逃避。

孩子的心思是非常单纯的，每当取得进步的时候，他就会感到开心快乐；每当被父母批评或者否定的时候，他就会伤心难过。孩子是一个活生生的人，他有血有肉，有丰富的感情，而绝不是冷冰冰的满分。父母还要知道，孩子未必只有考取满分才能够拥有好前途。在历史上，很多伟大的人做出了杰出的贡献，他们在学习时并不是始终都能考满分的好学生。但是他们都非常幸运，他们遇到了赏识他们的父母，也得到了父母无条件的支持，所以他们才能在人生的道路上攀登到了更高的巅峰。每一个孩子都是一朵娇艳的鲜花，正如一首歌所唱的，孩子是祖国的花朵。每一朵花都有自己的颜色和姿态，也有自己独特的绽放。当花园中绽开五彩缤纷的花朵时，整个世界都会因此而变得更加美丽绚烂。

作为父母，不要再用虚荣心和面子来压迫孩子，而是要看到孩子的独特优势，也要看到孩子的长处。对于孩子而言，不能每一次都考取满分或者是得到奖状都没有关系，最重要的是他们在成长的过程中是否有所收获，是否感到快乐。亲爱的父母们，如果你们的孩子恰恰是其他父母口中“别人家的孩子”，那么你们应该感到庆幸。即使你们的孩子并不符合严苛的审判标准，也不能成为众人羡慕的对象，甚至会被他人嫌弃，你们也要热情地向孩子张开怀抱，把孩子拥抱在怀里，给予孩子信任，给予孩子帮助。每一个孩子成长的过程就相当于是在进行变形，相信如果父母以爱和赏识浇灌孩子的心田，以尊重与平等让孩子感受到尊严，那么孩子一定会有更优秀的表现，让父母刮目相看。

不要养育高分低能的孩子

在前些年的新闻中，曾经曝光大学生入学的情景。有的大学生入学之后，因为从来没有见过带壳的鸡蛋，所以在食堂里买了煮熟的鸡蛋，却不知道应该怎么吃；有的大学生，因为在家里从来没有干过铺床的活儿，所以在报到的第一天只能坐在铺板上度过一夜；还有的大学生缺乏生活自理能力，不会洗衣服，只能靠洗衣店度过大学生活。不得不说，这些最基本的生活技能，小学生都可以掌握，为何作为大学生却不能照顾自己呢?

在他们身上，自理能力的低下与在学习上的优秀表现形成了鲜明的对比。有的孩子学习成绩非常好，考试分数特别高，在同龄人的群体中出类拔萃，但是在生活上却是不折不扣的低能儿，对于生活中的很多事情都不会做，甚至因此而影响了独立生活。这就是典型的高分低能。

孩子在成长的过程中有很多指标，分数并不是孩子成长的唯一指标，而只是孩子成长过程中一个相对比较重要的指标而已。除此之外，孩子还有自理能力等多方面的指标。那么，孩子为何会高分低能呢？这与父母的教养方式和教育观念密不可分。现代社会中，大多数父母都陷入了教育焦虑状态，他们迫切地希望孩子能够成才，也迫切地希望孩子能够考入名牌大学，开启圆满人生，为此，他们从来不让孩子做任何与学习无关的事情。他们经常挂在口头上的一句话就是：你的责任就是学习，其他的事情你都不用管。不得不说，并不是孩子太过懒惰，不想做日常的琐事，而是父母把孩子排除在生活琐事之外。那么试问父母们，如果孩子并不能独立生存，他们即便成才了，又能如何呢？

自理能力是一个人最基础的能力，一个人必须具备自理能力，才能够照顾好自己。虽然在小时候，孩子可以依靠父母的照顾而生活得很好，但是随着不断成长，他们生活的范围越来越大。他们总有一天会离开父母的身边，去自己的世界里自由地翱翔。除了父母对孩子过于宠溺，把孩子排除在生活琐事之外这个原因，有一些孩子因为长期接受父母的照顾，渐渐地形成了依赖心理，觉得父母不管为自己做什么都是理所当然的。他们认为自己唯一的义务就是学习，甚至还觉得自己学习是为了父母。每当被评为班级里的三好学生，或者考试考得高分的时候，他们就会向父母索要奖励。不得不说，这意味着孩子对于学习的心态扭曲了。

不管在什么时候，学习都是孩子自己的事情，每一个孩子都是为了自己而读书，而不是为了父母而读书。孩子必须拥有端正的态度，才能正确面对学习。父母即使再爱孩子，也不可能陪伴在孩子身边一辈子。如果孩子渐渐习惯了父母的照顾，在父母的呵护和包办下无忧无虑地成长，那么他的应变能力和承受挫折的能力都会很低。一旦有一天离开了父母的身边，面对突如其来的现实，孩子就会无所适从。有些孩子的心理承受能力特别差，哪怕遭遇小小的挫折，他们也会很快崩溃。如果遇到严重的挫折，他们很容易就会想到以轻生的方式逃避。即使孩子只是动了轻生的念头，也是父母不能承受的生命之痛。

为了避免培养出高分低能的孩子，为了让孩子更强大，父母要改变自己教育孩子的观念。父母要知道，成绩只是孩子学习的脚印，只能代表孩子在某个阶段学习的成果如何，而并不能代表孩子的一生将会如何，更不能代表孩子将来一定会有出息。真正有出息的孩子不但成绩优异，而且内心非常强大，有正确的态度和观念，并且能够承受人生的很多挫折和打击。换言之，即使孩子并没有取得优秀的成绩，如果他们身心健康，热爱生活，那么他们也将拥有充实精彩的人生。

心理暗示的作用是非常强大的，从现在开始，父母不要总是暗示孩子必须考高分才是优秀的孩子，也不要总是暗示孩子唯有考上名牌大学才是人生唯一的出路。人生是非常丰富多彩的，人生的道路绝不仅仅一条。人生的道路是靠着孩子自己走出来的，所以父母在教养孩子的过程中，除了要关注孩子的学习成绩，也要培养孩子各方面的能力和素质。例如，要让孩子有更强的承受挫折能力，要让孩子感受失败的滋味，要让孩子勇敢地迎难而上，这些对于孩子未来的成长和人生都是非常重要的。

对于培养孩子的自理能力，越早进行越好。举例而言，在三岁前后，孩子会进入幼儿园上小班。有些孩子进入幼儿园之后适应得非常快，他们能够独立如厕、吃饭，和小朋友相处得也很好。但是有些孩子在进入幼儿园之后，虽然已经过去了很长时间，但还是无法适应。他们不能独立如厕，吃饭也需要老师来喂。这使他们对幼儿园的感受非常糟糕，也就不喜欢去上幼儿园。

每个人想在社会上生存下去，都必须掌握生存的技能。学校里所教授的知识都只是书面上的理论知识，对于每个人来说，真正使用的是从生活实践中积累的经验。只有在理论和实践经验方面都得到提升，面对人生中的很多问题时，我们才能更加从容。孩子也是如此。

父母还要给孩子更多的机会去尝试和锻炼。生活是真枪实弹的，从来不会纸上谈兵。只有让孩子真正地深入生活，感受生活，给孩子很多机会去亲自做很多事情，孩子各个方面的能力才能得以提升。从现在开始，明智的父母们请向高分低能说“不”吧，孩子不是考试的机器，不能只以分数来判断他们的机器性能；孩子也不是冷血动物，并不是一心一意只想着考取高分。孩子应该是一个有血有肉、精力充沛的生命体，孩子需要先成人，才能再成才。这既包括孩子要身强体壮，也包括孩子要拥有健康的心理和情感。那么，亲爱的父母们，你们现在一定知道应该怎么做了吧！

别让“神童”的悲剧重演

仲永出生在一个世代农耕的家庭里，直到五岁之前，他从来没有看见过写字用的笔墨纸砚，更没有尝试过吟诗作对。令人惊奇的是，在五岁的某一天，仲永突然向父亲索要笔墨纸砚，而且很快就完成了一首诗。从此之后，仲永诗兴大发，不管谁向他求诗，他都能够快速完成，不但表现出文学方面的才华，而且还在诗中阐述了深刻的道理。看到仲永在写诗方面独具天赋，父母都觉得仲永是天才，所以带着仲永四处展示，而从来没有督促仲永要努力认真地学习。

原本，父母认为仲永一定前途无量，没想到在二十年之后，仲永已经二十几岁了，原本应该处于人生中大展宏图的好时候，却变得和普通人无异，再也写不出来任何具有文采的诗作。听说了仲永的故事，王安石还曾写了一首诗，叫作《伤仲永》。从仲永身上，我们可以看到他作为“神童”的悲哀。

一直以来，人们都神化了“神童”。他们觉得所谓“神童”就是超常的儿童，“神童”一定是在某些方面有独特才华的，而且“神童”独特的才华是取之不尽、用之不竭的。基于这样的思想，人们就得出了一个结论：“神童”不需要学习，就能够在某些方面有出类拔萃的表现。正是因为对于“神童”的崇拜，所以现在有很多父母致力于把自己家的孩子培养成“神童”。他们总是向别人炫耀自家的孩子一岁就能认识多少字，两岁就能背诵多少首诗，三岁就能认识多少车标，或者是能够进行多么复杂的计算。不得不说这些人为的因素干扰使得孩子的成长秩序被扰乱，使得孩子的成长不再遵循既定的规律，给孩子带来的伤害是很大的。为了让孩子在某些方面特别突出，以博取眼球，父母们付出的代价可真够大的。

孩子的成长有其内在的规律可以遵循，如果父母因为急功近利的心态，扰乱了这样的规律，使孩子的成长变得混乱，那么对孩子而言就会弊大于利。很多孩子在某些方面被称为“神童”，但是在其他方面却堪称弱智，就是因为父母过于注重开掘他们某些方面的能力，而对于他们其他方面的能力采取了漠视和忽视的态度。

有些孩子小小年纪就接连跳级，考入名牌大学，不得不说，这对于孩子而言是一种揠苗助长的行为。有一些父母会羡慕别人家的孩子如此优秀，其实真正懂得教育的人知道孩子的成长被扭曲，成为断裂的层面，这对孩子一生都会产生严重的负面影响。

孩子的成长绝不是某一方面的快速进步，而是各个方面的均衡发展。如果我们只注重对孩子某个方面的能力进行拔高，而忽略了对孩子整体心智的启迪，也没有注重发展和培养孩子全方面的能力，那么渐渐地，孩子也许在某个方面特别突出，在其他方面却会变得非常落后，甚至是特别糟糕。事实证明，很多神童以小小年纪考入名牌大学，或者是完成了艰巨的学习任务，但是他们是以牺牲正常的成长为代价的。他们在其他方面的表现往往很糟糕，或者会以自我为中心，在人际相处的过程中，还会与他人之间发生各种各样的矛盾。随着时间的流逝，当神童的光环退却之后，他们终究要回归到普通而又正常的人生之中，但是他们却已经无法适应。

在培养孩子过程中，父母还要坚持因材施教的原则。每个孩子都是这个世界上独一无二的生命个体，每个孩子在生命的历程中都会有自己的感悟。虽然有一些父母凭着自己独创的方式培养出了所谓的神童，也引得很多父母啧啧赞叹，羡慕不已，但是明智的父母会知道，培养神童的独特方式并不能够推而广之。如果父母不能从自家孩子的特点出发，就盲目地模仿教育神童的方式，照搬套用在自家孩子身上，那么对于孩子来说，这样的教育还不如没有。孩子自由自在地成长，比被父母以神童的教育模式生硬雕刻要好。童年时期对于孩子而言是一生之中最快乐的阶段。在童年时期，孩子无忧无虑，快快乐乐。如果为了对孩子揠苗助长，就剥夺了孩子享受快乐童年的权利，那么这样的缺失和遗憾将会伴随孩子的一生。

明智的父母不会对孩子的教育急功近利，他们知道孩子的成长是一个缓慢的、循序渐进的过程，所以他们会耐心地陪伴在孩子身边，让孩子感受到快乐，充分地享有自由。只有在孩子表现出某些方面的特长或者是优势时，他们才会因势利导。但是，他们决不会催促孩子一定要尽快成才。时代发展到今天，父母们不应该再让仲永的悲剧重演，每一个家庭的父母都要看到自家孩子身上的闪光点，都要看到自家孩子的与众不同之处，也要在尊重孩子意愿的基础上给予孩子成长的助力。

让孩子快乐地成长

2005年，在一所初中学校里发生了一件令人震惊的事情：15名初三学生集体离家出走。这件事情在当时引起了很大的轰动。这些孩子为何会不约而同地想要离家出走呢？如果说一个孩子离家出走，还情有可原，但是15个孩子一起离家出走，到底是什么原因让孩子们有了如此统一的决定呢？看到这里，相信很多父母都会想到一个问题，这个问题与孩子密切相关，那就是考试分数。事实正是如此，因为前一天学校里进行了摸底考试，这15个孩子的成绩都不太理想，他们很害怕回到家里会遭到父母的批评和训斥，所以凑了一些钱，坐着火车南下。又因为没有足够的钱去自己想去的地方，所以他们只能中途下车，在车站里逗留。车站的民警发现了他们，马上很周到地照顾和保护他们，并且安排送他们回家的事宜。

令人惊奇的是，这15个孩子之中，大多数孩子都不愿意回家，原因就是他们的父母只关心成绩，而从来不关心他们是否快乐。有一些孩子因为学习压力太大，甚至提出要学习一门技能或者是特长，将来好赖以谋生，却被父母拒绝了。父母要求他们一定要考取好成绩，考上重点高中，考上名牌大学。不得不说，这样的压力对于孩子而言真的是很难承受的。

曾经有专门的调查机构经过匿名调查发现，有至少30%的中学生因为学业压力太大而想哭，有60%左右的学生担心学习成绩出现下滑会被老师和父母嫌弃，有75%以上的学生认为父母对他们上学期的学习表现很不满意，并且对他们的学习提出了更高的要求。不得不说，孩子们正在承受着来自老师和父母的双重压力。尤其是那些中学生，他们更是感到非常疲惫。甚至还有20%的学生因为对学习感到绝望，有的学生甚至产生自杀的念头。作为和孩子朝夕相处的父母，你们可曾知道孩子心里在想什么呢？你们是否能够确定孩子真的非常快乐呢？

大多数父母都自以为是地认为，如今的孩子吃喝不愁，生活在优渥的环境中，一定感到很快乐、很满足。事实并非如此。对于孩子而言，在满足了基本的生理需求之后，他们也会有更高层次的心理需求和情感需求。每一个孩子都渴望得到快乐，孩子的童年不就应该是快乐的吗？但是现实却使人遗憾，大多数孩子都感受到了童年的沉重。虽然一直以来很多教育专家和媒体都在呼吁父母放平教育的心态，不要给孩子过大的学习压力，要让孩子能够在成长的过程中感受到快乐，但是依然有很多父母都把学习作为孩子唯一紧要的事情，也把获得好成绩作为对孩子唯一的要求提出来。有一些父母虽然知道孩子很累，但却总是对孩子提出更高的要求，让孩子再坚持努力，不断地获得进步。对于父母无休止的要求，孩子们又能怎么做呢？

让孩子快乐地成长，应该成为父母首要且最重要的一个目标。如果孩子在成长的过程中始终沉浸在苦恼中，那么他们就不会感受到成长的快乐；如果孩子在生活中总是接受各种各样负面的信息，也被负面情绪淹没，那么他们就会对成长产生畏惧。当然，也许有些父母会说，外界的大环境如此，要想让孩子纯粹快乐地成长是很难的。的确，当我们无法改变外界的环境时，就要学会适应外界的环境，改变自己的思路，端正自己的心态。尤其是在面对难题的时候，要相信条条大路通罗马。如果一种方式不可行，那么我们可以换一种方式应对和解决问题。

很多父母对于成长的理解都是非常狭隘的，认为所谓成长就是学习知识。实际上，学习涵盖的范围也是非常广的，成长更是涉及孩子人生的方方面面。所谓成长，就是从小到大，就是由低到高，就是从弱小变得强壮，就是从幼稚走向成熟，就是从感性渐渐变得理性。这样的变化并不是发生在朝夕之间的，而是循序渐进进行的。孩子成长的节奏原本就非常慢，父母不要总是催促孩子，也不要对孩子提出过于苛刻的要求，而是要给孩子足够的时间，让孩子持续地发生变化。在连续渐变的过程中，孩子每一天都会有小小的进步。虽然单独来看每一天的进步不是很大，但是当把这些进步积累起来的时候，孩子就会获得很大的进步。

如果父母曾经仔细观察孩子成长的过程，那么就会发现，即使是呱呱坠地的新生儿，也处在不断成长的过程之中。然而，父母抚养孩子的过程正是要渐渐对孩子放手的过程，从对孩子紧紧地把握着，到放开孩子的手，让孩子自由地行动，此过程意味着孩子的成长。所以父母不要总是对孩子看管得过于严格，而是要给孩子一片广阔的天地，让孩子自由地飞翔。在成长的过程中，孩子常常会与父母发生分歧，对于那些并不涉及原则的事情，何不给孩子机会去亲身尝试和感受呢？成长的本质应该是快乐的，成长是会让孩子有所收获的。孩子从一张白纸渐渐地累积知识和经验，他的心智会更加成熟，他的生命会更加充实，他的未来会更加精彩。

第二章 培养孩子优秀的品质，先成人才能再成才

优秀的品质是人生的根基，作为一个孩子，如果不具备优秀的品质，哪怕有满腹的才华，也是很难真正成才的。正如人们常说的，先成人，再成才。一个人之所以被称为人，除了一撇一捺支撑起高大的“人”字之外，还有一个最根本的原因，就是要具有优秀的品质与良好的德行。在这个世界上，优秀的品质与良好的德行是最好的通行证，也是人立足于世的根基。作为父母，不要总是盯着孩子的成绩看，而是要摆正确先后顺序，要先以良好的德行为孩子的成长奠定根基，才能在此基础上对孩子提出更多的要求，让孩子渐渐地走向成功。

良好的品质为孩子的人生奠定根基

品质，即品格和素质，这是从字面来理解的意思。那么，父母在培养孩子品质的时候，是应该侧重于品格，还是应该侧重于素质呢?毋庸置疑，良好的品格是人生的根基。如果孩子具备了良好的品格，他们就能够拥有正确的生活目标，拥有正向的价值观，拥有良好的人际关系。在生命历程中面对挫折和磨难的时候，他们也会拥有强大的内心。所以，良好品格的养成比提升素质、学习知识和掌握技能都更重要。

品格是人身上非常稳定的一种气质和本质。品格只要形成了，往往不会改变。相比起品格，不管是素质的提升还是知识的学习，抑或是技能的掌握，都可以随时随地地进行。孩子就像是一棵小小的树苗，需要在大地上扎稳根，才能够吸收泥土中的水分和营养，茁壮地成长。如果孩子不能在泥土中扎根，那么等到狂风暴雨袭来的时候，很容易就会东倒西斜。由此可见，品格对于孩子而言有多么重要。品格不仅仅是教育的一部分，还应该是教育中先行的一部分。父母要帮助孩子养成良好的品格，帮助孩子构建健康的人格，这样孩子才会有坚实的人生基础，也才能长成参天大树。

具体来说，良好的品格包括哪些方面呢？良好的品格通常包括诚实守信、真诚、善良等。通常情况下，父母要做到以下几点，才能培养孩子良好的品格。

首先，要重视品格的培养。很多父母之所以不能培养孩子良好的品格，不是因为他们没有这方面的能力，而是因为他们对品格的培养不够重视。从家庭教育的角度来说，父母每天与孩子朝夕相处，父母的一言一行都会对孩子起到潜移默化的教育作用，所以父母是培养孩子良好品格的最佳人选。在日常的生活中，父母要引导孩子形成正确的世界观、人生观和价值观；在遇到一些问题的时候，父母要坦率地与孩子沟通，真诚地发表自己的意见和看法，也引导孩子发表意见和看法。这样一来，如果发现孩子在思想上有偏差，父母就可以及时为孩子纠正。针对一些问题，父母也可以与孩子进行深入讨论，为孩子提供帮助和指导。总而言之，父母既是孩子的监护者，也是孩子的人生导师，更是孩子最亲密无间的朋友。父母对孩子的影响力是非常大的，父母的教育将会对孩子一生产生深远的影响。

其次，当孩子在一些小事情上做得不够好时，父母不要放纵孩子，也不要认为这是无关紧要的。细节是非常重要的，很多时候细节都能够彰显品质。俗话说，小时偷针，大了偷金。这句俗话来源于一个故事。一个孩子从小偷了一根针回到家里，妈妈看到了之后，很高兴地夸赞他做得好。孩子得到了妈妈夸赞，越来越热衷于偷窃。他从偷一根小小的针开始，逐渐去偷价值更高的东西。长大之后，他居然去偷窃黄金，结果锒铛入狱。由此可见，放弃教育孩子的细节是多么可怕的一件事情，尤其是当这细节涉及原则时。孩子的自控力原本就很差，很多孩子并没有形成判断能力，他们的道德观、价值观也都没有形成。在这种情况下，父母一定要关注孩子做人做事的细节，从小事抓孩子的品质培养。

再次，父母要教会孩子辨别是非。很多父母在教育孩子的过程中都没有耐心，尤其是在说起那些孩子并不理解的道理时，如果父母说了很多遍，孩子都不能够理解，那么父母往往会选择放弃，不再试图对孩子讲道理。实际上，这对于孩子的教育是一种损失。孩子的理解能力有限，而且很多时候父母的表达并不符合孩子的理解水平，那么父母要想方设法地向孩子讲清楚道理。例如可以给孩子讲一个相关的故事，也可以列举生活中的实例，引导孩子自己去辨别是非，让孩子有自己的思想和主见。只有这样坚持去做，孩子才能成为一个有思想的人，也才会具备优秀的品格和良好的素质。

最后，在家庭教育中，身教永远大于言传。对于每个孩子而言，家庭都是他们赖以生存的环境，都是他们人生中的第一所学校。在一个家庭中，家庭氛围的好坏将会给孩子的生活带来很大的影响，甚至会决定孩子能否健康快乐地成长。当然，这里所指的家庭氛围，并不是指家庭的富裕程度，而是指家庭的风气和文化。

有人说，父母是孩子的老师，孩子是父母的镜子，其实孩子身上出现的很多问题，都可以在父母身上找到原因。孩子小的时候往往非常崇拜父母，对于父母的所言所行、所作所为，他们都特别善于模仿。在孩子还没有形成明辨是非的能力之前，父母一定要坚持以身作则：要求孩子做到的事情，父母首先要做到；要求孩子具备的品质，父母首先要具备。只有坚持这么去做，父母才能成为孩子最好的老师，孩子也才能够折射出父母最好的样子。

很多父母在生活中不拘小节，随心所欲惯了，但当着孩子的面一定要控制好自己，要让自己成为一个合格的榜样。只有接受父母潜移默化的熏陶，接受家庭环境在不知不觉之间对自己形成的影响，孩子才能把从外界学习的东西转化为自身优秀的品质，使自己在各个方面的表现都更有进步。

父母培养孩子优秀的品质，不但要做好以上四个方面，而且要调整好心态。如果父母对孩子总是急功近利，要求孩子一蹴而就地获得成长和进步，那么显然这是在为难孩子，也会使孩子的心理发生变化，让孩子因此而急促冒进，这是得不偿失的。只有心境平和的父母，才能培养出淡定从容的孩子。

百善孝为先，培养孩子的感恩之心和孝心

俗话说，百善孝为先。这句话的意思是说，一个善良的人首先应该孝敬自己的父母。一个人如果连自己的父母都不孝敬，又会对别人如何呢？很多父母都认为孩子还小，所以对于孩子的品德培养并不重视，也不急迫。实际上，在对孩子进行德行教育方面，越早越好。小小年纪的孩子就会观察父母的言谈举止，虽然他们并不会明显模仿，但是父母的一言一行都会定格在他们的心中。正是基于这一点，有些育儿专家提出应该从胎教就开始对孩子进行德行教育。

如今，很多父母都非常重视胎教，会给胎儿听高雅的音乐。实际上，除了给孩子听音乐，也可以给孩子读一读德行经典。在古时候，很小的孩子就开始背诵《三字经》《弟子规》等国学书籍，对孩

子进行国学的启蒙和品德的教育。在家庭教育中，父母也可以引导孩子阅读和背诵《三字经》《弟子规》等国学经典。虽然孩子小的时候对于这些经典并不能理解，但是他们渐渐地就会产生感悟。这些文字会深深地印刻在孩子的脑海中，在成长的过程中，如果出现了类似的情况，孩子就会顿然醒悟。这样的顿悟，对于孩子而言是非常难得的成长。

对孩子进行德行教育还要有计划，而不是随心所欲地进行德行教育。德行教育有助于培养孩子优秀的品质，如诚信、宽容、感恩、友爱等品质，都与德行教育密切相关。在这些品质之中，我们可以先进行排序，既然我们的主题是百善孝为先，那么就应该先培养孩子的感恩之心和孝心。在家庭生活中，父母每天都在无微不至地关心和照顾孩子，所以孩子对父母心怀感恩、孝敬父母都是理所应当的。孩子的爱是可以传递的，如果他们在家庭生活中爱自己的父母，那么在社会生活中，他们就会爱身边的人；如果他们在家庭生活中会向父母尽孝，那么他们就能够做到老吾老以及人之老。在德行教育中，孝是重中之重，也是德行教育的基础。从古至今，有很多关于孝德的故事，父母都可以作为德行教育的载体，将其讲给孩子听。相信在父母坚持之下，孩子渐渐地就会充满感恩，越来越懂得孝敬父母。

傍晚放学回到家里，琪琪显然饿坏了。看到妈妈正在厨房里做饭，餐桌上已经摆上了一道菜，琪琪还来不及洗手呢，就捏着菜往嘴里塞。妈妈对琪琪说："琪琪，要先写完作业才能吃饭，而且爸爸还没回家呢！"琪琪有些不开心，噘着小嘴去写作业了。过了一个小时，爸爸终于回来了。此时此刻，琪琪已经饿得围着摆满美食的餐桌，不知道转了多少圈。看到爸爸回来了，琪琪仿佛得到了大赦，她不管爸爸去洗手了，赶紧坐在餐桌旁吃了起来。这个时候，妈妈对琪琪说："琪琪，爸爸去洗手了，要等爸爸来了再吃饭。"琪琪饿得都要哭了，她问妈妈："为什么饭都做好了，还不让我吃呢！"

这个时候，爸爸洗完手来到餐桌旁。妈妈语重心长地对琪琪说："琪琪，爸爸工作了一天，非常辛苦，他比你还饿呢。你作为孩子，是不是要等着爸爸妈妈一起吃饭呢？在古时候呀，如果父母不动筷子，孩子是不能动筷子的。妈妈不会对你要求这么死板，但是你至少要等爸爸妈妈都坐到餐桌旁再开始吃饭，这是对爸爸妈妈的尊重，也是对爸爸妈妈的孝敬。"听了妈妈的话，琪琪若有所思。

培养孩子的感恩之心和孝心，应该从生活中日常的小事做起。很多父母误以为只要给孩子讲一些大道理，孩子就能够懂得，实际上，从知道到真正做到之间还有漫长的距离。对于父母而言，给孩子讲这些大道理固然重要，但是把这些道理落实到生活中的琐碎小事中是更重要的。品格教育不像学习能够以是否掌握为标准，也不像学习某一种技术能够以是否会运用为标准。品格教育应该如春雨润物细无声，渗透在孩子生活的点点滴滴和方方面面之中。

父母只要有心，抓住生活中很多机会，就可以对孩子进行品德教育。遗憾的是，现代社会中，大多数家庭里只有一个孩子，很多父母非但不重视对孩子进行品德教育，不重视培养孩子的感恩之心和孝心，还总是娇纵和宠溺孩子。他们不管做什么事情，都会顺着孩子的意思，哪怕孩子非常任性，他们也会满足孩子的要求。渐渐地，孩子就会形成以自我为中心的思想，变得越来越霸道任性。有些孩子在家里是不折不扣的小霸王，他们独享家里的一切资源，对于爸爸妈妈的付出丝毫不知道感恩。这并不是孩子天生缺乏感恩之心，而是因为爸爸妈妈在培养和照顾孩子的过程中没有给予孩子适当的引导。有些父母在年老体衰需要孩子照顾的时候，才发现孩子是个不折不扣的白眼儿狼，其实这并不怪孩子，而是因为父母的家庭教育出了问题。

孩子并不会天生就有感恩之心和孝心，也不会天生就是白眼儿狼，对父母的付出无动于衷。在培养孩子成长的过程中，父母既要无私地为孩子付出，也要教会孩子如何回应和回报父母。在家庭生活中，父母在对待长辈的时候应该给孩子做好榜样，要更好地对待长辈，也要尊重长辈。孩子会把父母的言行看在眼里，听在心里，也会受到积极的影响。

感恩是生活中的大智慧，当孩子懂得感恩，他们就会拥有积极正向的生活态度，也会拥有豁达的人生观；当孩子心怀感恩，他们就愿意对很多素不相识的人伸出援手，就愿意与身边的人友好相处。当然，感恩要从孝敬父母开始。在家庭教育中，父母一定不要忽视对孩子进行孝德教育。

诚实守信，才能立足人世

诚信是为人处世的准则，一个人如果没有诚信，那么在与他人相处的时候，就不能得到他人的信任，在社会生活中就无法开展很多活动。早在古代，孔子就提出了诚信的重要性，把诚信作为立足人世的根基。在现代社会，人们依然非常看重诚信的品质。在人际交往中，诚信往往被作为最基本的原则得以坚持。但是，也有一些人为了利益而放弃诚信，这会给整个社会风气带来不良的影响。

在家庭生活中，父母要培养孩子诚实守信的优秀品质。所谓诚实守信，即哪怕在利益面前也不能放弃诚实的原则，也要践行自己的诺言。然而，并非所有人都看重诚实守信的原则，有些人会更看重自己的利益。如果父母当着孩子的面，为了得到利益而放弃诚实守信的原则，那么就会给孩子带来严重的负面影响。仅从表面来看，父母为了追求利益，放弃了诚实守信，得到了更多的好处，而实际上这样做的后果是非常严重的，一则会损害自己的信誉；二则会给孩子做出负面榜样，使孩子也变成一个不诚实、不守信的人，遭人嫌弃。这样的损失是一个连锁反应，最终导致的结果将是非常恶劣的。

诚实守信可不是一件无关紧要的小事情，而是一件大事情。在培养孩子诚实守信的过程中，父母不仅要告诉孩子诚实守信的重要性，也要让孩子知道，诚实守信是立足人世的根基。做人虽然要灵活处事，但是也要遵守诚信的原则。不管在什么情况下，该坚持的底线是必须坚持的。具体来说，父母在培养孩子诚实守信的品质时，应该从以下两个方面着手。

首先，要让孩子遵守诺言。很多人在说出一些话之后，很容易就会抛之脑后，不愿意把这些话变成现实。长此以往，他们的话就会失去分量，也不能够得到他人的信任。也有一些人一诺千金，这是因为他们知道，不管付出多大的代价，都要践行诺言，目的就是给人留下诚实守信的好印象。从这个意义上来说，诚实守信应该从语言上做起。

我国古代的曾子是一个非常讲究诚信的人。有一天，曾子的妻子要去集市上赶集，孩子看到妈妈要去赶集，也吵闹着要去。这个时候，妈妈对孩子说："你留在家里等妈妈，等妈妈赶集回来，就给你杀猪吃肉，好不好？"在当时，生活条件很艰苦，孩子只有过年的时候才能吃到香喷喷的猪肉。听到妈妈说只要不跟着去赶集，乖乖地等妈妈回家，就有猪肉吃，孩子就搬着一个板凳坐到院子门口，目送着妈妈的背影渐行渐远。整整一天，孩子都坐在门口等待着。很快就到了傍晚，天色暗了下来，妈妈还没有回来。

这个时候，曾子从外面回家，看到孩子眼巴巴地坐在门口。曾子问孩子："你在干什么呢？"孩子把妈妈的话一五一十地告诉了曾子。曾子听了孩子的话之后，当即对孩子说："妈妈还没有回来，我们先回家去烧水磨刀，好不好？等妈妈一回来，我们就杀猪！"孩子高兴极了，赶紧跟着曾子进了院子，看着曾子磨刀。正在这个时候，妻子赶集回来了。看到曾子在磨刀，妻子纳闷儿地问："你在干什么呀？"曾子说："杀猪给孩子吃肉啊！"妻子不由得嗔怪曾子："哎呀，你这个榆木疙瘩脑袋，我是骗孩子，让他不要跟着我去赶集的，你怎么就想真的把猪杀了？这猪可是我们全家人一年的期盼啊！"

曾子一本正经地对妻子说："如果你不能够践行对孩子所说的话，那么孩子就会知道你对他撒谎了。如果孩子学会撒谎，不能以诚实守信立足，那么他以后就会成为一个被人唾弃的人。你觉得是一头猪重要，还是孩子的将来更重要？”

听了曾子的话，妻子也意识到问题的严重性，只好和曾子一起把猪杀了，炖了一大锅猪肉，还把猪肉分给了周围的邻居吃呢！

因为妻子对孩子的一句诺言，曾子就把家里唯一的猪杀了。曾子说得非常有道理，一头猪固然重要，但是孩子的人生更重要。如果孩子发现妈妈在欺骗他，也学着妈妈的样子欺骗别人，那么孩子将来就不会拥有诚信的人生。孩子的模仿能力是很强的，他们在不知不觉间就会模仿父母的言谈举止，所以父母在与孩子沟通的时候一定要非常慎重，对于自己能做到的事情可以允诺孩子，对于自己不能做到的事情，则不要轻易允诺孩子。

培养孩子诚信的品质，还要让孩子在言行上有诚信的表现。很多孩子都喜欢说一些空洞的口头承诺，实际上口头承诺说出来很容易，真正的诚信是要以实际行动去践行的。例如孩子承诺妈妈会在两个小时之内完成作业，那么孩子就应该努力做到在两个小时之内把作业完成，这样才是诚信的表现。

很多孩子都有拖延症，做事情总要等到最后的时间才匆匆忙忙地完成，难免会错误百出。对于孩子这样的表现，父母可以多多督促孩子，如果孩子某一次表现得非常好，能够提前保质保量地完成任务，那么父母要慷慨地表扬孩子。得到父母的认可，孩子一定会感到非常开心，也会主动坚持好好表现。

父母与孩子之间有了约定之后，不管这个约定是父母先做出的承诺，还是孩子先做出的承诺，父母都要遵守这个约定，意思就是父母要践行对孩子的承诺，当孩子不能践行对父母的承诺时，父母也要给予孩子一定的惩罚，这样才能培养孩子的契约精神，也让孩子知道，承诺并不是随随便便说出来的。

诚信的品质将会对孩子漫长的一生都产生很深远的影响，所以父母切勿忽视对孩子诚信品质的培养。尤其是在现代社会，诚信更是作为一个很重要的考核标准，对于每个人的生活都会产生切实的影响。例如现在已经建立了社会信用系统，如果有人信用不好，甚至不能坐高铁，也不能坐飞机。这是社会在启动相应的机制来让人们坚持诚信。父母也要与社会制度密切配合，从孩子小的时候就培养其诚实守信的品质，这样孩子将来才能够更好地适应社会生活，也才会更好地成长和发展。

有责任才有担当，培养孩子的责任心

说起责任，父母们都不会感到陌生。然而在众多的父母中，又有多少人能够深刻地理解责任，并且真正地肩负起人生的责任呢？也许有些父母会说，我们正在养育孩子，这就是在对孩子负责。的确，父母养育孩子是对孩子负责，也是一种本能。大多数父母都会对孩子肩负起养育的责任，而其实，责任还体现在生活的方方面面。

自古以来，关于责任的名言警句很多。例如，人们会说责任重于泰山，也会说负责任的人才值得信任和托付等诸如此类的话，这都说明了责任心的重要性。父母培养孩子的责任心要从小开始，让孩子勇敢地肩负起自己的责任，在很多事情上都有所担当。可以说，责任心是一个人优秀的品质。一个人如果具备强烈的责任心，就能够得到他人的认可和肯定，也能够得到他人的欣赏和支持，还能够突破自我，成就大器。

那么，到底什么是责任呢？每个人的责任又是什么呢？在这个世界上，每个人都扮演着自己的角色，每一个角色都有相应的责任需要承担。例如，在家庭生活中，父母需要努力工作，赚钱养家糊口，也要承担起教育孩子的重任。而孩子呢，要健康快乐地成长，在此过程中，要坚持学习，努力提升自己各个方面的能力，让自己快快长大。在学校里，老师的责任是为孩子传道授业解惑，孩子的责任是专心致志地听讲，随着老师讲授的节奏，学习更多的知识，完成相关的练习。可以说，在这个世界上，每个人都有自己的责任，这种责任是与生俱来的使命，这种责任贯穿每个人生命的始终，是每个人都需要努力去承担的。

在社会生活中，每个人也都有自己的责任。例如，在工作的过程中，父母如果是领导，那么就要肩负起协调统筹的责任；父母如果是普通职员，那么就要听从领导的调遣，完成相关的工作；父母如果是中层管理者，那么不但要调遣下属，还要与上司之间进行沟通和交流，从而让工作完成得更好。总而言之，在社会生活中，每个人都有责任。

孩子的责任可不仅仅是学习。孩子虽然小，但他们除了学习，还肩负着其他的责任。父母在对孩子进行责任教育的时候，眼光不要过于狭隘，而是要把眼光放得开阔一些，要引导孩子承担起更多的责任，这样孩子的人生才会有大格局。这对于孩子开阔眼界、充实人生都是非常有好处的。

最近南方遭了水灾，很多地方都被洪水淹没了。灾区受了灾，财产受到了损失，人民群众的生活秩序也被打乱了。为了支援灾区，学校里组织了抗洪救灾的捐款活动，老师召开了主题班会。在班会上，老师展示了一些南方受灾的图片。看着地里的很多水果都烂了，洪水淹没了村镇，孩子们都很感慨。最后，老师对孩子们说："同学们，南方地区受了灾，老百姓的生活都很艰难，也有很多和你们一样的小朋友，现在都已经停课了，不能去学校上学，只能暂时住在高地，躲避洪水。我们这里并没有受灾，所以我们应该发扬一方有难八方支援的精神，多多帮助他们。大家今天已经了解了南方灾区的情况，回到家里之后和父母商讨一下，看看为灾区献出多少爱心，好不好？"

回到家里，佳佳把老师的话告诉了爸爸妈妈。爸爸妈妈问佳佳："佳佳，你想给灾区捐多少钱呢？"佳佳迟疑了很长时间才说："我并没有多少钱呀，我只有几百元压岁钱。这些钱，我还准备用来买漂亮的裙子呢！”听到佳佳说得这么为难，爸爸妈妈互相看了一眼，爸爸问佳佳：“佳佳，裙子并不是必需品，家里已经有很多条裙子了，但是灾区的小朋友急需得到帮助。”佳佳眼珠滴溜溜地转着，过了一会儿说：“但是，会有别人去帮助他们的，对不对？”妈妈点点头说：“对。爸爸妈妈的单位也组织了捐款，爸爸妈妈也捐出了一些钱。但是，每个人都要为灾区出一份力，这是我们的责任。不能因为有其他人在帮助灾区，我们就可以无动于衷了。试想一下，如果我们受了灾，我们是不是希望得到更多的帮助，尽快渡过难关呢？”在爸爸妈妈的一番开导之下，佳佳恍然大悟。她说：“妈妈，那我就捐出我一半儿的钱吧，我有600元，我捐300元。我用剩下的300元继续积攒，等到有了足够的钱，我再买新裙子吧！”听到佳佳的决定，爸爸妈妈欣慰地笑了。

救灾是每一个人的责任和担当，虽然孩子未必能够很深刻地领悟这个道理，但是作为父母，只要用心地给孩子解释，也耐心地引导孩子，相信孩子还是会做出正确决定的。

现代社会中，很多家庭里都只有一个孩子。这些独生子女从小受到父母无微不至的关心和照顾，渐渐地形成了以自我为中心的思想。他们误以为自己不但是家庭的中心，而且是整个世界的中心。至于责任感，因为他们在家里从来没有承担过任何责任，所以他们明显责任心不足。有的时候，明明看到父母工作非常辛苦，他们也不愿意帮助父母分担家务；有的时候，听闻某个地方受了灾，他们也不愿意献出自己小小的爱心。对于孩子而言，这当然是非常危险的信号。这意味着孩子内心冷漠，而且人格的发展并不健康。父母要多多关注孩子的行为，抓住生活中各种各样的机会对孩子进行责任教育。

培养孩子的责任心除了要让孩子关心身边的人和事，要积极地为灾区献出爱心之外，还应该让孩子学会为自己的行为负责。也许生活中为灾区捐款的事情并不经常发生，但是孩子在成长的过程中一定会犯错。如果父母总是为孩子的错误兜底儿，不管孩子犯了什么错，父母都为孩子承担责任，那么渐渐地孩子就会养成不负责任的坏习惯，也会找各种理由和借口来推卸责任。要想培养孩子的责任心，在孩子犯错的时候，父母就要让孩子承担责任。虽然这个责任有的时候非常沉重，但是父母至少要让孩子承担一部分责任，这样孩子才能够深刻地反思自己的错误，也才能够积极地改正错误。在此过程中，他们的责任心会越来越强。

举个例子，如果孩子不小心打碎了邻居家的玻璃，爸爸妈妈是赶紧代替孩子去向邻居道歉，并且赔偿邻居家玻璃呢，还是让孩子亲自向邻居道歉，并且用自己的零花钱赔偿邻居家玻璃呢？显而易见，后者的效果更好。每个人都要为自己的行为负责，也要为自己的错误买单，哪怕是孩子也是如此。

在日常生活中，父母还要坚持让孩子做好自己的事情，培养孩子的自理能力，而不要让孩子养成凡事都依赖父母的坏习惯。孩子虽然小，能力有限，但是他们还是可以做一些事情的。例如，他们可以打扫房间，整理衣柜，自己洗一些小件的衣服，每天晚上主动完成作业，等等。这些事情都是孩子应该做的，父母如果总是代替孩子去做，或者总是不停地催促孩子去做，那么孩子的责任心就会越来越差。一个人只有对自己负责，才能够对自己的生活负责，也才能够对更多的事情负责。孩子只有拥有了责任心，才能扛起沉甸甸的人生，才会有大好的前程。

心怀宽容，尽享开阔人生

一个拥有宽容之心的人，面对他人的错误，总是采取原谅的态度，与此同时，他自己心中也会解开疙瘩，放下过节儿，更加豁达和从容。反之，一个人如果对他人的错误总是斤斤计较、耿耿于怀，常常揪着他人的错误不放，并且为此与他人之间剑拔弩张，那么对于自己也是一种很大的折磨和伤害。

清代大名鼎鼎的书画家郑板桥曾经写过四个字——难得糊涂，这四个字流传至今。刚刚看到这四个字的时候，人们一定会感到奇怪：人生不就是要时刻保持清醒和机灵的吗？为什么要糊涂呢？实际上，这四个字之所以流传至今，就是因为它道出了人生的真谛。在这个世界上，很多事情并不是非黑即白的，而是介于黑白之间的灰色地带，这就意味着在对待这些事情的时候，我们不能够太过较真。有的时候太过较真，不但是和别人过不去，也是和自己过不去。在必要的时候，我们必须学会假装糊涂，不管是真糊涂还是假糊涂，能够把一些令自己感到不舒服的事情暂时放下，让时间去沉淀和解决问题，这就是宽容。

有些父母会认为，如果孩子过于宽容，就会吃亏。实际上，老祖宗还留下了四个字，那就是“吃亏是福”。在这个世界上，人人都想占便宜，但是未必人人都能占得到便宜。如果我们的孩子能够怀着一颗宽容的心，在一些事情上心甘情愿地吃亏，又有什么不好呢？看起来，孩子是因为心怀宽容而吃了一些小亏，但是实际上，他们却因此而拥有了更为开阔的人生，他们能够把心中不快放下来，享受更多的快乐，这对孩子来说何尝不是一种收获呢？尤其是在人际关系中，如果孩子总是睚眦必报，那么就不会拥有真正的朋友。俗话说，水至清则无鱼，人至察则无徒，这告诉我们有的时候要假装糊涂，最好能够做到真糊涂，这才是人生的至高境界。

每一个揪着别人错误不放的人，都从来没有想过自己也会犯各种各样的错误。在这个世界上，没有谁能保证自己从来不犯错，或者能够保证自己在每个方面都做得尽善尽美，所以我们应该以一种委婉的方式来表达自己对他人的期望，这样是比批评和责怪他人更好的方式。如果父母言辞犀利，那么孩子也往往会尖酸刻薄。在家庭生活中，父母在教育孩子的时候，应该学会以委婉的方式向孩子提出不足，也应该慷慨地给予孩子激励，这样才能够潜移默化地影响孩子，让孩子以宽容之心开启豁达的人生。

每个人在生活中都需要朋友，这是因为人是群居动物，一个人不可能离群索居地生活。孤独对于人生而言是一种可怕的折磨，要想让孩子拥有更多的朋友，要想让孩子发展良好的人际关系，父母一定要培养孩子宽容的品质。除了以委婉的方式指出孩子的错误，父母还要让孩子学会共情，设身处地地为他人着想。

如今，很多孩子都缺乏共情的能力，这是因为他们在成长的过程中得到了父母和其他长辈无微不至的关爱，作为家庭生活的中心，他们总是处在无忧无虑的状态之中，很少会对他人的情绪和感受有所了解。在受到伤害的时候，他们往往会非常愤怒，完全站在自己的角度上指责他人，这使得孩子与他人之间的关系剑拔弩张。要想改变孩子这样的心理状态，父母就要引导孩子设身处地地为他人着想，这样孩子才更具包容性，也会变得更加宽容。

设身处地地为他人着想，就是假设自己正处于跟他人同样的情境之中，假想自己如果是他人会怎么做。当孩子很努力地这么去想，就能够对他人的处境感同身受，也能够体会到他人的情绪和感受。这时，孩子可以摒弃主观思想，以客观的角度体谅他人的所思所想，这能够帮助孩子经营好人际关系。在坚持这么做的过程中，孩子还能够拥有更强的共情能力，从而让自己在人际交往中有更好的表现。

还有一个小小的诀窍是可以帮助孩子更加宽容的，那就是要与他人建立统一战线。很多自私的人在表达的时候有一个口头禅，即经常说“我的”，这是因为他们的心中只有自己，所以他们的眼里也只有自己，他们的口中依然只有自己。父母要纠正孩子的这种从属判断，让孩子从习惯于说“我的”到渐渐地习惯于说“我们的”。“我们”是一个非常神奇的词语，在人际相处中，当这个词语频繁出现时，就意味着人际关系将会是很和谐融洽的。当每个人都能够敞开心扉去包容和接纳他人的时候，人与人之间的隔阂就会完全消除，人际关系也会其乐融融。

总而言之，宽容的孩子会得到更多的朋友，自己也会得到更多的快乐。当然，宽容并不是纵容，孩子既要有宽容之心，也要能够坚持原则，对于自己认为错误的事情，要极力反对，对于自己不能接受的行为要毫不姑息。也就是说，父母要把孩子培养成为一个既有原则和底线也有宽容之心的人，这对孩子的成长是很有好处的。

第三章
学习力——让孩子受用一生的能力

学习力是让孩子受用一生的能力。拥有学习力的孩子在学习方面总是有出类拔萃的表现，这是因为他们很擅长学习，也很精通学习。在人生之中，每个人都要学习各种各样的知识，只靠着已经掌握的知识，根本无法真正地成长，只有持续学习，坚持努力，孩子才能够在成长过程中有长足的进步，也有更加出色的表现。

很多父母都非常看重孩子的成绩，实际上和孩子一时的成绩相比，影响孩子一生的学习力是更为重要的。这就像授人以鱼与授人以渔之间的关系。只是给人以鱼，那么别人吃了这些鱼之后，依然会忍饥挨饿。如果能够教会他人捕鱼的方法，那么他人就能够持续地捕鱼，让自己始终都有鲜美的鱼吃。在教育孩子方面，父母当然也要教会孩子“捕鱼的方法”，这样的教育才是一劳永逸的。

学习力是人生的通行证

学习力是人生的通行证，不仅正在学校里学习的孩子需要具备学习力，即使有朝一日完成了学业，步入了社会，走上了工作岗位，也依然需要学习力。只有拥有学习力的人才能够活到老学到老，也只有拥有学习力的人才能够持续学习自己所需要掌握的各种知识，从而在生活和工作中都有更好的表现。很多父母都为孩子现在的学习表现和学习成绩而感到担忧，这固然会暂时对孩子产生影响，但实际上影响有限。和学习表现与学习成绩相比，学习力会持久地对学习和工作产生作用。人生的道路是漫长的，我们要想拥有更好的人生，就要始终坚持学习。学习力不仅体现在学习方面，也体现在生活的方方面面。一个学习力强的人，适应能力和理解接受能力都会很强。所以，我们才说学习力是人生的通行证。

在影视节目中，各种各样的竞赛类节目层出不穷，这些竞赛类节目会涉及方方面面的知识，参赛的选手必须有很强的学习力，还要能够随机应变，才能够从容应对嘉宾的尖锐提问，继续留在舞台上。如果缺乏学习力，就不能掌握更全面的知识，也不能做到随机应变，那么随时随地都有可能被淘汰。这也从侧面说明，学习力是非常重要的。

对于学习力的理解，父母一定要更加全面，对于孩子学习力的培养，父母也要更加切合实际，切勿以为所谓学习力就体现在孩子的成绩高低上，真正的学习力关系到孩子生活的方方面面。例如，孩子虽然学习成绩非常好，但是却高分低能，在生活方面不能自理，那么这样的学习力是令人担忧的。学习力从本质上来说是一种综合能力，既包括孩子在学习方面的表现，也包括孩子在生活中的能力。很多日常生活中的琐事都能体现学习力，如洗衣服、叠被子、去超市采购食材等。这些事情虽然都是平凡而又琐碎的，但是也与学习力密切相关。一个人只有具备很强的学习力，才能够在生活中解决这些问题。如果孩子两耳不闻窗外事，一心只读圣贤书，即使得到了很高的分数，也会因为缺乏生活自理能力而与美好前途失之交臂。几年前，网络上的一则消息显示，一个孩子考上了名牌大学，却因为生活不能自理而被迫辍学，不得不说，这是人生莫大的悲哀。

在小时候，孩子的主要任务是学习，但是随着年龄的增长，他们终有一天会离开父母的身边，走上社会，也会遇到更多的事情，经历更多的遭遇。随着孩子渐渐成长，会和更多的朋友相处，也会面临学习和生活上的很多问题，诸如恋爱结婚等。这些问题都是需要孩子去亲身经历的，那么在这些人生重要的事情之中，孩子也会有更加丰富的经历。由此可见，孩子根本不可能处处依赖父母，而要想靠着自己的能力解决这些问题，孩子就必须具有敏锐的观察力，发现这些问题的存在，还要具有很强的适应能力，从而根据自己的能力去适应环境，去解决问题。学习力在人生中起到非常重要的作用，如果我们不具备学习力，那么就会在很多方面都接连碰壁，也会因此而陷入困境中。

学习力是天生的吗？当然不是。孩子也许会有一些天赋，在学习方面占据优势，但是学习力却是通过后天的培养渐渐形成的。尤其是在学习的过程中，孩子如果能够积极地思考，勤于提问，也开动脑筋来试图寻找答案，积极地动手解决问题，那么学习力就能得以持续提升。人生是有限的，学习却是永无止境的，正所谓学海无涯，就是这个意思。父母要正确对待孩子的学习力，在教育孩子的过程中，培养孩子的学习力。即使孩子遇到了难题，在学习方面表现并不那么出类拔萃，父母也不要因此而否定孩子，否则就会打击孩子的自信心，使得孩子的学习力下降。

在美国东部的一所大学里，即将进行期末考试。参加考试的学生都就读于工程学高年级，他们即将毕业，这是他们在学校生涯中最后一次参加考试。参加完这次考试之后，他们就会参加毕业典礼，走上工作岗位。经过几年的寒窗苦读，他们对于这次考试充满自信，脸上洋溢着笑容。他们认为已经学习这么长的时间，而且经过学校里很多次考试，所以这次也一定能够顺利通过。和以往每次参加考试都感到紧张相比，面对这次考试，他们丝毫不紧张，谈笑风生。

很快，教授拿着试卷来到教室里。教授告诉学生们："这次考试是开卷考试，大家可以随意翻阅书本或者是课堂上的记录，唯独不允许交头接耳。只要能够完成这张试卷，你们就算是顺利毕业了。"听到教授的话，大家全都喜形于色。原本大家对于这次考试就充满自信，现在居然可以带着书本和课堂笔记进入考场，那么考试就更是不成问题啦。

拿到试卷之后，学生们看到试卷上只有五道题目，他们情不自禁地笑起来：以往的试卷上都是密密麻麻的题目，这张试卷只有五道题目，哪怕慢慢去做，也一定能够圆满完成。考试的时间有三个小时，很多学生都在心里估计着自己也许只需要半个小时就能交上答卷，想到这里，他们拿起笔，准备奋笔疾书地回答问题。然而，在看到第一道题目的时候，他们就忍不住眉头紧蹙。第一道题目非常棘手，难以回答，他们又接着看其他题目，在此过程中，他们的眉头皱得越来越紧。

时间一分一秒地过去，教室里静得连一根针掉在地上的声音都能听见，空气仿佛凝滞了。转眼之间，三个小时到了，教授问学生们："有谁已经完成了五道题？请举手。"大家全都低着头沉默不语，脸上写满了焦急。教授看到没有人举手，继续问道："有谁完成了四道题？请举手。"还是没有人举手，教授又问："那么，有谁完成了三道题呢？只要完成三道题就算及格了。"大家你看看我，我看看你，满脸羞愧，依然没有人举手。教授索性问道："有谁完成了一道题？"还是没有人举手。看着教室里一张张焦急的脸，教授语重心长地说："孩子们，这是一场特殊的考试。这场考试的目的就是要让你们知道，在未来的工作中，你们一定会遇到很多无法解决的问题，这才是你们真正需要学习的时刻。在遇到这些问题的时候，不要畏缩，不要恐惧，发挥你们的学习力，运用你们在学校里掌握的学习方法，积极地查阅资料去解决问题，这才是你们需要做的。要知道，学校里所教授的知识是有限的，实践教给你们的知识才是无限的。从现在开始，你们不是从大学里毕业了，而是开始迈入社会的大学，开始崭新的学习阶段。"

教授说得很有道理，一个人的能力和水平都是有限的，但是随着持续不断地学习，就可以提高自己的能力和水平。如果一个人总是骄傲自满，认为自己已经掌握了足够多的知识，对于生活中出现的很多问题都怀着轻视的态度，那么他就不可能获得进步。

古罗马哲学家辛尼加曾经说过，学习并不在于学校，而在于人生。这句话告诉我们，只有在走出学校，步入人生之后，我们才开始真正的学习。也有人说只有正式学习才能铺就人生的成功道路，这是对学习的狭隘理解。如今正处于信息爆炸的时代，各种各样的信息不断涌来，知识更新换代的速度非常快，每一个孩子都应该坚持学习，才能够保持积极进取的姿态。不仅孩子需要学习，成人也需要学习。每一个成人都必须坚持学习，才能够让自己适应这个日新月异的社会。曾经，人们以为文盲是那些不识字的人，而在当今社会中，那些不懂得主动学习，不能更新知识的人，才是真正的文盲。

任何时候，和掌握知识相比，学会学习都是更加重要的。孩子们一定要努力学习，提高自己，完善自己，这样才能为人生奠定坚实的基础。当然，在成长的过程中，不要过于着急，更不要急功近利。毕竟学习力不是轻而易举就能养成的，所以我们必须有决心有毅力，才能够从点点滴滴做起，对每一件小事都努力坚持，从而持续地提升学习力，以学习力畅行人生。

当学习成为一种习惯

如今，网络上关于陪着孩子写家庭作业的段子很多，大多数段子都在调侃当孩子写家庭作业时家里鸡飞狗跳的情形。孩子的学习是一个漫长的过程，如果孩子不能养成主动学习的好习惯，而是必须由父母每天督促他们才能完成家庭作业，那么对父母而言，这简直就是煎熬呀！对于孩子而言，学习也将变得更枯燥乏味。

孩子每天都需要完成家庭作业，如果他们不能积极主动地完成家庭作业，那么就会导致拖延。也许原本只需要花两个小时就能完成的作业，在拖延的情况下，却必须花五六个小时才能完成。显而易见，这会缩短孩子的睡眠时间，使孩子无法保证充足的睡眠。此外，如果孩子在完成家庭作业的时候态度不端正，总是把作业写得非常潦草，被老师批评，那么天长日久也会影响孩子的学习成绩。父母最大的心愿是孩子能够成才，落实到学习的日常中，就是希望又快又好地完成作业。这显然是学习方面一个非常好的习惯，那么如何才能让孩子养成这样的好习惯呢？

如果说每天督促孩子写作业是长痛，那么督促孩子养成良好的学习习惯则是短痛。俗话说，长痛不如短痛。人们经常把这句话挂在嘴边，这是因为长痛需要频繁经历，而短痛也许能够一劳永逸。还是以孩子完成作业为例，如果父母费尽心思帮助孩子养成了一回家就按时保质保量地完成作业的好习惯，那么未来在孩子学习的过程中，父母就可以当甩手掌柜了，不用再为孩子完成作业这件事情而劳神。反之，如果父母并不想花费很多的时间和精力来帮助孩子养成良好的学习习惯，那么孩子每天回到家里之后，父母都必须盯着孩子完成家庭作业。如果孩子的拖延症很严重，父母甚至还会采取打骂等方式催促孩子完成作业，使得家庭的氛围剑拔弩张，甚至使家里经常处于鸡飞狗跳的状态中。毫无疑问，这是父母并不想看到的。

每一个家庭的父母都望子成龙望女成凤，在漫长的学习过程中，只靠着父母催促，孩子是根本不可能完成学业的。父母要以更长远的目光看待孩子的成长，也要以更好的方式和手段来辅助孩子，让孩子在学习上的表现越来越优秀。这不但能让父母减轻负担，也能激发起孩子对学习的兴趣，帮助孩子养成良好的学习习惯，甚至把学习作为一种习惯，主动地开展学习活动。

众所周知，好习惯的养成需要漫长的过程，那么要把孩子的学习变成一种习惯，父母在日常生活中就应该多多关注孩子的学习，也从各个方面帮助孩子。把学习当成一种习惯，需要落实到点点滴滴的细节中。例如，孩子每天回到家里之后，应该主动完成作业；孩子每天都应该复习老师所教授的知识，也要预习次日将要学习的知识；孩子应该养成定期复习的好习惯。这些习惯都对孩子的学习很有意义，也是孩子把学习变成习惯的重要表现。

当孩子真正把学习变成了习惯，他们就不需要父母的督促，会积极主动地学习；当成人把学习变成了习惯，他们即使离开了校园，走上了工作岗位，也不会放弃学习，会根据自己在工作过程中的心得和体会，以及所面临的各种困境，积极主动地开展学习；当一个人把学习当成了习惯，在现实生活中，不管遇到什么样的难题，他们都不会轻易放弃，他们相信自己的学习力，也相信自己可以通过知识和能力来改变命运。

周有光先生是我国大名鼎鼎的语言文字学家。他年过百岁时，依然保持着良好的学习状态。他是一位真正把学习当成习惯的前辈。他每天都伏案学习，笔耕不辍，以实际行动号召后辈坚持学习，是非常好的学习榜样。曾经有记者问周有光先生："您已经100多岁了，而且人生圆满，有那么多学术成果，为何还要如此辛苦地学习呢？"周有光先生说："学习并不辛苦，而是我一辈子的习惯。我即使想改掉这个习惯，也并不那么容易呢！"不得不说，习惯的力量是非常强大的。

美国心理学家威廉·詹姆斯说：种下一种习惯，收获一种性格；种下一种性格，收获一种命运。那么对于孩子而言，只要把学习变成习惯，那么面对学习中遇到的很多问题，就能够迎难而上，努力解决。一个坚持学习的人会具备敏锐的思维能力，会具备坚定不移的执行能力，也会具备当机立断的行动能力。从现在开始行动起来吧，不要再为此而犹豫不定。常言道，万事开头难，任何事情都要有一个开始，习惯的养成同样如此。习惯的养成从来不是一蹴而就的事情，父母要早早地督促孩子坚持做好点点滴滴的细节，这样才能够渐渐地让学习也成为一种习惯。

兴趣，是孩子最好的老师

很多父母都会发现，孩子对于学习怀着抵触的心理，他们并不以学习为快乐，而总是抱怨学习非常辛苦，非常劳累。孩子正处于成长的过程中，原本应该以学习为己任，也在学习的过程中感受到快乐，为何对学习如此乏味呢？在学校里，有一些孩子明目张胆地抗拒学习，他们在课堂上呼呼大睡，在课后完成作业的时候往往把字写得非常潦草，龙飞凤舞，自己都不知道写的是什么，还有一些孩子索性拒绝完成老师布置的作业。当发现孩子有这些表现的时候，父母往往会感到非常焦虑。

回想一下自己小时候学习的情形，父母们就会发现在自己少不更事的时候，也曾经对学习没有兴趣，每当上课就如坐针毡，熬过每一分每一秒盼望着赶快下课。每当看到那些数学符号就气得想要骂人，每当背诵起那些如同天书的古文，或者是英语课文，就恨不得把书撕得粉碎。尤其是在老师布置的作业量比较大，已经写到深夜还没有完成的时候，忍不住想哭，甚至还想狂吼说自己再也不想上学了。实际上，这些情况都是孩子在学习过程中会出现的正常表现。很多孩子对学习都不感兴趣，那么他们在学习的过程中就会有这些很糟糕和负面的感受。尤其是在校园里，对学习不感兴趣的孩子非常多，那么孩子为什么不喜欢学习呢？如何才能够培养孩子的学习兴趣呢？

毋庸置疑，对于孩子而言，学习兴趣是非常重要的。如果孩子对学习从来不感兴趣，那么他们对学习就不会充满动力。只要能够激发和培养孩子的学习兴趣，孩子在学习方面的表现就会越来越好。很多老师和家长眼中的差等生，似乎在一夜之间就发生了翻天覆地的变化，他们从讨厌学习到热爱学习，成绩也从处于班级里的中下等水平，提升到班级里的上等水平。这样的奇迹是如何发生的呢？正是兴趣在发生作用。

由此可见，父母要想一劳永逸地解决孩子在学习方面的问题，不要总是督促孩子要努力，而是应该意识到问题的根源所在，要更加注重培养孩子的学习兴趣，这样才能让孩子从被动学习到主动学习，也才能激发孩子的学习内部驱动力。很多外部驱动力对孩子产生的作用都是非常短暂的，只有内部驱动力才能对孩子产生持久的激励作用。

想一想就会觉得非常棒，孩子会从被动学习到主动学习，父母只需要给孩子辅助的作用，而不需要在每天每时每刻都盯着孩子，提醒和督促孩子学习，这样的生活可太幸福了。

那么，如何培养孩子的学习兴趣呢?

首先，要帮助孩子明确学习的目的。很多孩子都不知道学习究竟是为了什么，他们以为自己是为了让父母满意。可想而知，如果孩子只是为了让父母满意而学习，孩子就会觉得学习很辛苦，也会在学习上呈现出动力不足的情况。孩子应该知道他这么辛苦努力地学习，完全是为了自己，是为了自己拥有更美好的未来，是为了自己的人生拥有更多选择的权利。

其次，要让孩子学以致用。孩子在学习的过程中掌握了一些知识，但是却认为这些知识是没有必要学的，或者认为这些知识是无用的，主要原因是他们不能够把这些知识与现实生活联系起来，加以运用。如果给孩子机会学以致用，让孩子在生活中运用所学到的知识去解决问题，那么孩子就会越来越有成就感。

再次，要从孩子的兴趣出发，以此来撬动孩子的学习动机。很多父母在督促孩子学习的时候，都会忽略孩子真正的兴趣所在。例如，父母认为孩子应该学习理科，但是孩子却偏偏很喜欢文科，父母因而禁止孩子学习文科，要求孩子必须学习理科。这样违背孩子意愿，强求孩子的方式，会让孩子对学习兴致索然。兴趣是最好的老师，也会为孩子提供最强大的学习动力，如果孩子能够学习自己感兴趣的知识，他们就会更加积极主动。父母应该尊重孩子的意愿，以孩子的兴趣为出发点，给予孩子一些参考意见，让孩子在学习上有更明智的决策，这显然是更重要的。

最后，要带着孩子一起憧憬美好的未来。很多父母对孩子的学习都怀有悲观的态度，虽然他们一直在督促孩子认真学习，但是当看到孩子在学习方面表现欠佳时，他们就会毫不留情地打击孩子。正如一位心理学家所说的，好孩子都是夸出来的。父母与其打击孩子，让孩子失去自信，还不如多多鼓励孩子，慷慨地认可和表扬孩子，让孩子知道自己在学习上是很有天赋和潜力的。这样一来，孩子即使觉得疲惫也能够主动坚持。必要的时候，父母还可以带着孩子一起憧憬美好的未来，让孩子想象自己在学习上出类拔萃，受到众人瞩目的情形，还可以让孩子想象自己未来在喜欢的行业内成为翘楚，受人仰慕的情形。这些情形并不是真正的白日做梦，而是具有现实基础的，也是有可能实现的，因而能够效果显著地激发孩子的学习动力。

当然，一切的兴趣都起源于好奇心，父母既要保护孩子的好奇心，也要想方设法地激发孩子的好奇心。对于大多数孩子而言，这个世界是非常新鲜有趣的，那么在孩子提出各种问题的时候，父母要耐心地解答孩子的问题，还要引导孩子进行更深入的思考，而不要对孩子敷衍了事。这么做很利于培养和保护孩子的好奇心。在日常生活中，当遇到一些无法解释的或者不合理的现象时，父母也不要怀着消极的态度，而是要和孩子一起积极地探索，寻找答案。在此过程中，父母不但能够为孩子树立勤思好学的榜样，而且能够以实际行动支持孩子去展开探索，这对激发孩子的好奇心而言是非常有用的。

总之，兴趣是孩子最好的老师，也是孩子强大学习动力的来源。每个孩子都应该对学习保持兴趣，才能心甘情愿地学习，也才能拼尽全力在学习上做出更好的表现。所以父母不要本末倒置，只是忙着帮助孩子解决学习上一些表现出来的小问题，而是要知道问题的根源在哪里，从而以培养孩子的兴趣为重要手段，为孩子开启快乐的学习生活。

强烈的好奇心，给予孩子内驱力

细心的父母会发现，孩子小时候的好奇心是非常强的。他们瞪着好奇的眼睛，看着这个新鲜有趣的世界，哪怕只是发生了一件很寻常的事情，他们也会觉得特别有趣，这使得孩子的快乐很单纯，而且很容易获得。然而，随着不断成长，孩子的好奇心却越来越弱了，就像是被抽空了空气的实验瓶，甚至压根儿没有空气的存在。好奇心正是孩子成长的空气，如果没有好奇心，那么孩子的成长就会缺氧，就会感到窒息。

几个月大的孩子会拿着一块小小的彩纸片玩上半天。他们把彩纸片放在眼前仔细地看，翻来覆去地看，似乎这小小的彩纸片里有着精彩的世界可以让他们欣赏。随着渐渐长大，孩子从蹒跚学步到独立行走，行动的范围越来越大，也经常会走到户外，看到更广阔的世界。

但是，他们并不会一直被更广阔的世界吸引。有的时候，他们会蹲在地上观察蚂蚁搬家，很长时间都不动。看到孩子们如此专注的模样，父母往往会感到很纳闷儿，不知道孩子们为什么对于蚂蚁搬家这么感兴趣。实际上，父母是以成人的角度在观察孩子，所以无法了解孩子的内心。对于孩子而言，不管是蚂蚁搬家，还是一张小小的彩纸片，都能够激发他们浓重的好奇心。

古今中外，大凡有所成就的人都具有强烈的好奇心。在好奇心的驱使下，他们会形成学习的驱动力，在面对学习中遇到的各种难题时，他们从来不会轻易放弃，而是会努力地争取解决问题，把每件事情都做得更好。对于好奇心的定义，心理学也曾有过解释。心理学家认为好奇心是激发人主动学习的原始动机之一，这也就意味着一个人只有拥有好奇心，才能够做到主动学习。好奇心是发自人心底的一种驱动力，属于内部驱动力，它的作用力将会是非常持久的，也会使人在学习中充满信心和勇气，战胜各种各样的困难，勇往直前。

乔布斯是苹果之父。当年，乔布斯在里德大学读书的时候，发现大学里有很多海报。这些海报与众不同，它们并不是用普通的字体写成的，而是用美观漂亮的美术字写成的。乔布斯由此对美术字产生了好奇心，他选修了美术字课。经过大学期间的学习，他对于美术字的字体、间距和式样都有了更为深刻的了解，也提升了自己对于美术字的鉴赏能力。当时，很多人都纳闷儿，不知道为何乔布斯要选修美术字课作为选修课，毕竟在当时大学里还有很多其他的课程都是非常精彩的，且更具有实用的价值和意义。乔布斯对此不置可否，他坚持自己的想法。让人们万万没有想到的是，十几年之后，乔布斯在大学中所学习的美术字派上了大用场。他把这些美术字都设计到了一台电脑之中，后来这台电脑成为全世界第一台使用漂亮印刷字体的电脑。

人生中，没有任何经历是白白浪费的，虽然我们因为好奇心而学了一些看似暂时派不上用场的东西，但是在时光的流逝中，它们总有一天会抓住机会，绽放自己。

如今，很多父母都已经意识到好奇心对于孩子的重要性，以及对于孩子学习的促进作用。教育部把培养学生的好奇心列入教师的专业标准，希望教师能够在教育孩子的过程中以此作为目标。一直以来，中国的教育都因为缺乏创造性而被诟病，中国的人才也常常被形容为墨守成规。为什么会出现这样的情况呢？是因为好奇心的缺失。在应试教育的制度下，孩子们为了考出更高的分数，全都拼尽全力去学习知识，他们很少会开动脑筋自主地进行研究和探讨。他们压抑了自己的好奇心，把所有的时间和精力都用于提高成绩，不得不说正是这样的教育现状扼杀了孩子们的好奇心。后来，中国提出了素质教育，对应试教育的状态进行了改变。在这样的教育形式之下，越来越多的老师和父母认识到，培养孩子的好奇心和创造力，都是非常重要的。这使得孩子们不再是流水线上的产品，而是成为活生生的、各具特色的人，他们会成为学习的主人，对于学习怀着积极主动的态度，也怀有极大的热情。

要想激发孩子的好奇心，就要培养孩子敢于提问的好习惯。一个充满好奇心的孩子在遇到不懂的问题时，一定会积极地提问，而一个缺乏好奇心的孩子，在遇到不懂的问题时却只会逃避。他们因为缺乏好奇心，也不愿意突破和挑战自我。很多时候，孩子因为小，并不知道自己真正感到好奇的是什么。在此过程中，就需要父母来发掘孩子的兴趣爱好，引领着孩子走入他们真正感到好奇的领域。在好奇心的滋养下，孩子的思维会变得更加活跃，孩子的心灵会变得更加敏感，孩子内心的世界也会越来越丰富。孩子应该以好奇心来贯穿自己的一生，这样他们才能够善于思考，勇于实践。对于孩子而言，好奇心是他们一生之中最为宝贵的财富，也会让孩子在人生的道路上走得更远，走到更广阔的天地之中。

常怀空杯心态，积极主动学习

如果一个孩子在掌握了一些知识之后，就滋生了骄傲自满的情绪，认为自己已经掌握了足够多的知识，再也不把其他人放在眼里，更不能怀着谦虚的心态向他人学习，或者学习更多的知识和技能，那么他就会处于落后和退步的状态。

学习力对于孩子而言是非常重要的，而空杯心态则是帮助孩子保持学习力的一个重要因素。如果孩子知道学无止境，认识到知识是无边无际的，那么他们就会在知识的海洋里畅游，如同一个口渴的人饮水那样迫不及待地学习知识。要想做到这一点，孩子就必须怀着空杯心态。所谓空杯心态，就是说不要把自己当成装满水的杯子，认为自己再也容纳不下任何东西，而是要把自己当成一个空杯子，知道自己这个杯子还可以容纳很多东西。

不管是孩子还是成人，如果总是骄傲自满，他们就不会再继续追求进步，只有怀着空杯心态，谦虚低调，才能够持续进步。要想让孩子怀有空杯心态，父母就要在日常生活中给予孩子中肯的评价，在孩子骄傲自满的时候及时提醒孩子要谦虚，在孩子感到自卑沮丧的时候指出他们身上值得赞扬的地方。这样双管齐下，才能够维持孩子内心的平衡，让孩子知道自己如何做才会更好。

古时候，有一个人在佛学方面的造诣很高。为了找到人谈论佛学，他专程来到寺庙里，想要拜访老禅师。这位老禅师德高望重，受人敬仰。看到这个人来到寺庙里，老禅师马上让弟子热情接待。然而，这个人根本不把弟子放在眼里，对弟子傲慢无礼。看到这样的情况，老禅师决定亲自出马。老禅师毕恭毕敬地接待了这个人，还亲自为这个人沏茶。

在倒茶的时候，老禅师已经把杯子斟满了，但是他还在继续往杯子里倒水。看到这样的情形，这个人纳闷儿地问老禅师："大师，杯子已经满了，您为何还在倒水呢？请赶快停下来吧！"老禅师说："原来，杯子已经满了呀！既然如此，我为什么还要往杯子里倒水呢？"听了老禅师的话，这个人羞愧地低下了头。

老禅师用装满水的杯子暗示这个人：如果你认为自己已经装满了，那么就没有必要再找人给你倒水了；如果你认为自己还有进步的空间，那么又为何要如此骄傲和自满呢？这就是空杯心态的起源。这个故事告诉我们，在做任何事情的时候都要拥有良好的心态，尤其是在学习方面，一定要把自己当成一个空杯子，这样才能够继续注入更多的水。

日常生活中，对于那些学习成绩优异的孩子，父母更应该注重培养他们的空杯心态，这是因为学习成绩优异的孩子很容易骄傲自满。他们会因为自己已经取得的成绩而沾沾自喜，因此而不思进取，结果导致成绩出现退步。当孩子保持空杯心态，他们就会把自己过去的荣誉都放下，知道自己在学习的道路上要不断地前行，也知道成绩只代表自己以前的学习表现，而不能代表自己的现在和未来。在这种心态的驱使下，他们会更加努力地学习，也会试图超越自己，成就更好的自己。

在学习的各个阶段，孩子的学习任务都是很重的。父母要对孩子加以良好的引导，培养孩子的学习力，让孩子能够积极进取。有些父母看到孩子在学习上有更好的表现时，马上就会很兴奋，甚至表现得比孩子更加激动。父母这样不淡定的表现，只会让孩子更不淡定，也会让孩子以为自己一次小小的成功就代表了永远的成功。父母要让孩子知道，成绩只是学习的脚印，只能代表孩子在某个阶段的学习成果。每个人面对学习的态度都应该是积极的、谦虚的，这样才能保持进步。有些孩子的学习成绩忽上忽下，时而非常好，时而非常糟糕，这与他们心态不稳定有着密切的关系。通常情况下，孩子在考了高分的时候就会骄傲自满，内心也会松懈下来，使得他们在下一次考试中成绩下降。而当成绩不佳的时候，孩子就会提高警惕，从而更认真主动地学习，这样一来，他们的成绩就会有所提升。如果孩子能够保持空杯心态，一直坚持进取，至少能够在学习成绩上保持平稳，也有可能会得到提升。

第四章 好习惯成就人生，好习惯助力学习

很多父母都抱怨孩子从小就没有养成学习的好习惯，所以在长大之后，在学习方面总是面临很多困境。父母在这么说的时候，并没有进行自我反省，他们认为是老师没有尽到责任，所以才使孩子与学习的好习惯失之交臂。实际上，孩子学习的习惯并不是在学校里养成的，毕竟孩子每天在学校里度过的时间是有限的，而且学校里的课程很多，每一个老师与孩子接触的时间更加短暂。孩子学习的习惯应该是在家庭生活中养成的，这是因为孩子一天之中有相当多的时间都是在家里度过的。父母在下班回家之后，也会与孩子接触很长的时间，所以父母肩负着帮助孩子养成好习惯的重任。如果父母耐心用心地对待孩子，在很多细节方面多关注孩子的表现，就能够帮助孩子养成良好的习惯，也能够助力孩子的人生。

培养学习习惯，宜早不宜迟

很多父母都以为孩子还小，所以没有必要帮助孩子养成习惯。实际上，养成好习惯宜早不宜迟。越是及早养成好习惯，就越是会对孩子产生重要的影响，尤其是在家庭生活中，早期养成的生活习惯更会让孩子受益终身。那么，如何让孩子早早地养成好习惯呢？父母要很用心地对待孩子，也要坚持帮助孩子，才能够循序渐进地帮助孩子养成良好的习惯。

曾经有调查机构经过调查发现，所有学习好的学生都养成了良好的学习习惯。与此恰恰相反，那些在学习方面表现很差、学习成绩不佳的学生，都养成了糟糕的学习习惯。父母要想让孩子在学习上有更好的表现，不要总是督促孩子，也不要总是责怪孩子，而是要注重培养孩子良好的学习习惯。

如今，越来越多的父母都很重视孩子的教育。在家庭生活中，他们也意识到培养孩子良好的学习习惯，能够让孩子在学习方面更轻松。但是，也有一些家长常常会对此怨声载道，觉得没有在最合适的时间里培养孩子良好的学习习惯，是老师的责任。对于这样的父母来说，要形成正确的认知，要知道老师只是对孩子传道授业解惑，而习惯的养成却是漫长的过程，也需要长期坚持。和学校教育相比，在家庭教育中，父母与孩子朝夕相处，对孩子的一举一动都看在眼里，更容易培养孩子的学习习惯。

这些习惯的养成，不应该是从孩子六岁进入学校进行正式的、系统的学习才开始的，而应该是在孩子进入学校之前，在学前教育阶段就已经渐渐形成的。如果等到孩子已经正式走入了学校，开始了系统的学习生活，再来培养孩子的学习习惯，那么显然这会给孩子的学习生活带来很大的困扰，也会让孩子在学习方面感到非常吃力。那么，如何培养孩子的学习习惯呢？父母对此不要犯狭隘的错误，而是要知道，学习习惯的培养并不是教会孩子按时写作业，教会孩子订正错题那么简单，而是与孩子的生活习惯密切相关的，因此要从生活的点点滴滴做起。

一个孩子如果习惯了干净整洁，就会把自己的房间收拾得干干净净，把所有的物品都摆放得井然有序，那么他们在学习的过程中也会坚持这样的习惯，会把学习用具都分门别类地放好，会把不同课程的书籍都整理好，而且保持书籍的干净整洁。尤其是在学习过程中，对于时间，他们会安排得更合理。这是因为在日常生活中，他们会整理自己的房间，渐渐也就形成了深入思考的好习惯，也形成了把一切东西都整理得井然有序的好习惯。在现实生活中，很多成人的家庭生活都是非常混乱的，这不是说他们生活不检点，而是说他们的家里各种物品摆放得乱七八糟，到处都脏兮兮的。当他们已经习惯了这样的居所环境，他们在工作环境中又怎么可能保持自己的工位干净整洁呢?

要想培养孩子的好习惯，父母就要抓住孩子的秩序敏感期。在这个阶段里，孩子会非常注重秩序，也很乐意遵守规矩。如果父母能够因势利导地培养孩子良好的学习习惯，就一定能起到事半功倍的效果。这个时期通常出现在孩子两岁到三岁，所以父母不要觉得两三岁的孩子还没必要形成习惯，而是要积极地在此阶段帮助孩子养成习惯。当孩子在习惯养成方面有了一个好的开始，那么未来在养成更多的学习习惯时，就会事半功倍。

当然，孩子的自控力是有限的，一些好的习惯会违反人的本性，让人必须战胜自己本能的懒惰、懈怠等，才能有更好的表现。在给孩子养成学习习惯的过程中，父母不要觉得能够一劳永逸，而是需要做好打持久战的准备。为了帮助孩子巩固学习习惯，父母还需要多多配合孩子，在必要的时候给予孩子支持，尤其是要带动孩子进行反复的训练，这样才能够让习惯在孩子的人生中扎根。

在家庭生活中，各种习惯的养成也离不开父母的言传身教，父母尤其要对孩子发挥榜样的作用。对孩子而言，榜样的作用是巨大的，孩子的模仿能力很强，又加上他们非常崇拜父母，所以他们会在不知不觉间模仿父母的言谈举止。在家庭生活中，为了有利于孩子养成良好的习惯，父母一定要以统一标准对待孩子。如果父母本身很喜欢晚睡，那么只要求孩子睡得早，孩子当然不愿意配合；如果父母本身非常邋遢，却要求孩子干净整洁，那么孩子当然也不能够做到。每一个学习成绩优秀、学习表现突出的孩子，都养成了良好的学习习惯，这一点是毋庸置疑的。

看到这里，也许有些父母会感到困惑：知识和习惯相比，到底哪一个更重要呢？显而易见，习惯是更为重要的。好习惯能够让孩子受益一生，而知识的学习只是孩子在某个特定阶段需要完成的任务。举例而言，如果孩子因为一些原因而休学一年，那么等到下一年的时候，他还是能掌握遗漏的知识。在养成了学习的好习惯之后，原本对于孩子而言很难做到的一些事情，至此也就会水到渠成地得以完成。那么具体来说，孩子学习的好习惯都有哪些方面呢？

首先，要帮助孩子养成放学之后主动完成作业的好习惯。很多家庭里之所以每到写作业的时候就鸡飞狗跳，就是因为孩子不愿意主动完成作业。哪怕父母催促孩子，孩子也总是推三阻四地拖延时间，这时，父母在辛苦劳累了一天之后，还要操持家务，内心非常崩溃。如果孩子每天都能够按时主动地完成作业，而且能够保证作业的质量，那么对于父母而言，每天晚上就会少了一件很麻烦的事情，也能够得到更好的休息。

其次，要让孩子养成独立完成作业的习惯。很多孩子的依赖性都很强，在学习的过程中，如果他们总是得到父母的帮助，尤其是有些父母为了避免麻烦，往往会直接告诉孩子一些难题的答案，这样孩子就会养成依赖的坏习惯。他们或者依赖于求助父母，或者依赖于网络搜索，总之，只想轻轻松松、毫不费力地得到答案，这会使得他们越来越不愿意动脑，也会让他们的学习成绩一落千丈。

再次，要让孩子养成良好的作息习惯。只有拥有健康的身体，孩子才能有成长的本钱，才能提升学习的效率，获得预期的学习效果。如果孩子没有健康的身体，而是严重缺乏睡眠，每天上课的时候都会打瞌睡，晚上却又磨磨蹭蹭地不愿意早早睡觉，那么孩子在学习方面就会陷入一个恶性循环之中，每天都会非常困倦，学习效果自然无法得到保障。

在很多家庭里，父母都是典型的夜猫子，他们每天都会做很多娱乐活动，在不知不觉间就把时间消耗掉了。等到他们想睡觉的时候，往往已经是深夜了。可想而知，对于孩子而言，这是很糟糕的作息规律。如果孩子也跟着父母一起晚睡晚起，那么他们几乎每天都会迟到，因为睡得太晚必然导致起得太迟。即使不迟到，也会在课堂上哈欠连天，如何能保证学习的效果呢？只有全家都坚持规律作息，才能保证孩子早睡早起，得到充足的睡眠，也由此保持更好的学习状态。

最后，多与孩子沟通，了解孩子内心。孩子每天在学校里度过相当长的时间，他们在学校里发生的事情，父母根本不知道。为了增进对孩子的了解，知道孩子的所思所想，父母还要帮助孩子养成说日记的习惯。所谓说日记，与写日记的区别就在于一个是说，一个是写。很多孩子并不愿意每天都坚持写日记，那么父母如果不想强求孩子，就可以让孩子采取说日记的方式，把一天的学习生活表述出来。这样一来，可以提升孩子的语言表达能力。也许孩子刚开始会说得断断续续，也会丢三落四，但是坚持去说，就会说得越来越全面，语言表达能力也会越来越强。

在孩子说日记的过程中，孩子的日记本不是一个实实在在的本子，而是父母的倾听。很多父母每天忙于工作，很少有机会和孩子沟通。看似和孩子在同一个屋檐下生活，但是对于孩子学习的状态，或者孩子正在遭遇的烦恼，他们却毫不知情。在孩子说日记的时候，父母可以与孩子更好地沟通，让孩子知道父母始终在关心着他们。

虽然父母因为忙于工作或家务，很少有时间休息，但是每天只抽出十分钟时间来倾听孩子，还是很容易做到的。只要父母有心，就能够帮助孩子养成这些习惯；只要父母坚持，孩子就会因为这些习惯而受益终身。从现在开始，赶快帮助孩子养成良好的学习习惯吧，早一些行动起来，孩子就会早一些受益！

帮助孩子形成规则意识

俗话说，没有规矩，不成方圆。这句话告诉我们，做一切事情都要有规矩，才能做得更好。规则在社会生活中具有很强的普遍性，所谓规则，就是对所有人都会产生约束的力量。在规则的作用下，人们不会随心所欲地做那些不该做的事情，从而避免了因为享受过度的自由而导致危险的发生。

在人的一生之中，需要遵守的规则很多。例如，在家庭生活中，要遵守家里的规则；在学校生活中，要遵守校园的规则；进入社会工作之后，要遵守职场的规则；在人际相处的过程中，要遵守人际交往的规则。每一件事情都是有规则可循的，否则整个社会就会完全乱了套。父母们在和小朋友玩游戏的过程中，也要遵守规则。看到这里，很多父母一定会觉得规则太过烦琐了，会让人感觉被约束。实际上，真正的自由，正是在规则约束内的自由。这个世界上并没有绝对的自由，正是因为得到了规则的约束，人们才能享受相对的自由。

孩子的天性就是喜欢自由，对于他们而言，规则就像是束手束脚的铁链，会锁住他们的心，也会限制他们的行动，导致他们不管做什么事情都觉得自己正在被管教着，一点儿都不开心。然而，如果没有规则，也就不存在所谓的秩序，整个社会就会变得非常混乱。因此，父母要告诉孩子遵守规则的必要性，因为只有遵守规则才能够享受相对的自由，也只有遵守规则，孩子一生才会在正常的轨道内前行。

遗憾的是，在孩子形成规则意识的过程中，只有极少数父母能够助力孩子形成规则意识，大多数父母本身规则意识就不强，反而会破坏孩子的规则意识，使孩子违反社会规则，这对孩子的成长而言是极其不利的。

周末，爸爸带着小军去超市里采购。每个星期，他们都会采购足够一个星期食用的食物，例如牛奶、饮料等。这个星期依然是爸爸和小军负责采购，因为他们俩力气都很大，可以搬运这些东西。和往常一样，去了超市之后，爸爸和小军直奔目的地，他们一个推车，一个拿各种商品，很快就把小推车装满了。

到了收银台附近，爸爸隔着老远就看到收银台处人很多，排着长长的队伍，不由得感叹道：“哎呀，又要排队，又要浪费很多时间！”听到爸爸的嘀咕，小军安抚爸爸：“没关系呀，很快就会排到的。”这个时候，爸爸看到有一个队伍中间出现了一个很大的间隙，他借此机会，赶紧见缝插针插到了这个间隙里。小军还没反应过来呢，爸爸就已经排到队伍中间了。这个时候，小军走到爸爸的身边，对爸爸说：“爸爸，不是应该排队吗？大家都在排队。”爸爸伸出食指放在嘴边，示意小军不要说话。小军丈二和尚摸不着头脑，更大声地说：“爸爸，队伍的尾巴在那边呢，我们插队了！”听到小军的话，爸爸索性明确地告诉小军：“别说话呀，趁着大家没注意，咱们这样就可以早一点儿结账出去了。”

这个时候，小军问站在爸爸身后的一位女士：“阿姨，您同意我爸爸站在您前面吗？”那位女士把头摇得和拨浪鼓一样，说：“大家都赶时间，都要回家去做饭。如果都像你们这么插队，我们要排到猴年马月才能结账了。”听了这位女士的话，爸爸感到很羞愧。这个时候，小军趁热打铁对爸爸说：“爸爸，咱们还是去队尾处吧。毕竟咱们来得晚。”爸爸被小军说得满脸通红，赶紧推着车去队尾处排队了。

在这个事例中，如果小军没有明辨是非的能力，那么他就会认为插队是正确的行为，因为他看到爸爸正是这么做的，所以他也会学习爸爸插队。很多孩子都非常崇拜父母，又因为他们还小，缺乏规则的意识，并且不能判断是非，所以如果父母不注意自己的言行，不能给孩子树立遵守规则的好榜样，那么很有可能会对孩子产生负面的影响。

规则对于维护社会秩序是非常重要的。所谓规则，需要每个人都主动遵守，并且能够维护规则，这样整个社会才会井然有序。规则涉及社会生活中很重要的方方面面，也覆盖到社会生活中很小的、不起眼的方方面面。然而，规则无小事，只要是涉及遵守规则的事情，父母就一定要慎重，这样才能够给孩子做好榜样。

在日常生活中，不管是对待大事还是小事，父母当着孩子的面一定要遵守规则，这样能够对孩子起到积极的作用。有一些孩子不理解规则存在的必要性，那么父母就要告诉孩子规则的重要性，也要告诉孩子每个人都必须遵守规则。

还有一些孩子之所以不喜欢遵守规则，是因为他们觉得自己受到了约束，因而想要获得彻底的自由。在家庭生活中，父母为了让孩子尽快适应规则，不要给孩子过度的自由。有些父母对孩子娇纵宠溺，不管做什么事情都任由孩子，导致孩子非常任性。渐渐地，孩子就会养成以自我为中心的坏习惯，他们思考任何问题都从自身的需要出发，很少顾及规则，也很少顾及他人的情绪和感受，这会导致孩子更加肆无忌惮地破坏规则。

规则是死的，人是活的。规则是没有思想和情感的，但是人却有思想和情感。在现实生活中，有一些事情是规则之外的特例，那么就要能够灵活地应对，而不要死守规则。例如，虽然在超市里结账的时候我们应该有序排队，但是如果有残疾人或老人等特殊的人群不能长时间排队，那么我们就可以适时地调整规则，让这些老人或者是残疾人免于排队或者优先排队。这既照顾了弱者，表达了我们的爱心，也让规则充满了人情味。总而言之，不能因为遵守规则就不帮助他人，就不对他人伸出援手。只有把遵守规则和灵活调整规则这两方面结合起来，规则才是更有意义的。

学会复原，生活才会更整洁

如果给妈妈机会吐槽孩子，妈妈一定会吐槽孩子的房间乱得不像话，这是很多妈妈对孩子的印象。她们都认为孩子并不懂得收拾房间，也并不擅长收拾房间，为此，只能跟在孩子身后收拾房间，把孩子乱扔乱放的东西都复归原位。然而，等到孩子回到家里之后，只需要很短的时间，他们又会把东西弄得乱七八糟，甚至会损坏一些东西，这使得妈妈感到特别厌烦。

因为受到传统观念的影响，大多数家庭依然遵循着男主外女主内的思想，虽然很多妈妈现在也和爸爸一样需要去职场上打拼，但是与此同时，妈妈还是更多地承担起照顾家庭的责任。尤其是对于家庭生活琐事，妈妈更是主力军。如果妈妈在一边工作，一边照顾家庭之余，还要为孩子收拾房间，难免会感到很疲惫。那么，如何才能够让孩子养成良好的习惯，独立收拾房间呢？或者说，如何让孩子把干净整洁的房间状态保持更长的时间呢？这里面就有一个很大的技巧，那就是学会复原，这也是孩子的一个良好习惯。

顾名思义，所谓复原，就是要把固定的东西放在固定的地方，要把从哪里拿来的东西再放回哪里去。这样既能够让家里维持干净整洁的秩序，也能够起到保护物品的作用，以免弄脏弄坏物品。在家庭生活中，东西是很多的，既有家庭生活的必需品，也会有一些摆件，那么，如果把这些东西随意地放置在其他地方，家庭生活就会失去秩序。实际上，在一个秩序井然的家庭里，每件东西都是有定位的，所谓定位就是东西放置的原处。对于孩子而言，他们可能还不会收拾家，也不会把东西摆放在更赏心悦目的地方，那么妈妈就可以给孩子制定一个规则，即要求物归原处，让孩子把用过的每一件东西都及时放回原来的地方，这样就能在使用之后保持秩序，也保持美观。这么做可以大大减少妈妈做家务的频率，也可以减轻妈妈做家务的负担。

除了能够帮助妈妈分担家务之外，物归原处还有很多好处。例如，有些孩子是“粗心大王”，他们在这次用完了某个物品之后，下次怎么也找不到这个东西，就是因为他们没有把东西放在原处。再如，家里常常会陷入乱七八糟的状态，就是因为各种各样的东西都没有放回原处，所以失去了井井有条的面目。当然，放在原处虽然听起来是很容易做到的，实际上要想真正做到，确实有一定难度。这是因为孩子小的时候不知道要物归原处，他们总是随心所欲地想玩什么玩具就玩什么玩具，玩过之后就漫不经心地扔在某个地方。如果妈妈总是跟在孩子身后去收拾这些玩具，那么孩子乱扔东西的坏习惯就无法改掉，这是因为孩子在此过程中会渐渐地对妈妈产生很强的依赖性。他们觉得自己没有必要收拾这些东西，也没有必要把东西放回原来的地方，因为妈妈总是会收拾好的。他们不知道妈妈收拾这些东西要付出多少时间和精力，又会多么劳累。

要想培养孩子物归原处的好习惯，父母就要从生活中的点滴小事做起。很多父母都觉得孩子还小，不需要让孩子负责收拾玩具，因而即使看到孩子随意地玩，随意地丢，父母也不会纠正孩子。从儿童心理学的角度来说，在两岁前后，孩子就开始渐渐地形成秩序感，如果父母能够抓住这个阶段来培养孩子物归原处的好习惯，就能够起到事半功倍的效果，对于维持家庭的干净整洁也是非常有好处的。

虽然家是一个很小的地方，即使收拾也并不需要花费特别漫长的时间，但是收拾家是每天都要做的事情，一天能节省点滴的时间，一个月就会节省下大量的时间。如果能够养成物归原处的好习惯，在用完物品之后放回原来的地方，保持家里的秩序，那么就能够减轻妈妈更多的负担。和随手乱放相比，物归原处会给生活带来很大的便利。

当然，要想培养孩子物归原处的好习惯，父母就要爱干净、爱生活、爱整洁。如果父母总是把东西随手乱放，那么就会影响孩子，尤其是当孩子在乱糟糟的家庭环境中长大，即使成人之后，他们也不认为自己有必要去收拾各种东西。反之，如果孩子从小就生活在秩序井然的家庭环境中，看到家里的每个东西都摆放在该放的地方，那么他们就会在潜移默化中受到影响，长大成人，他们也会维持生活环境的干净有序。

要想把物品回归到原来的地方，学会复原，有一个前提条件，那就是这些物品是有定位的，也就是它们是有原处的。如果家里这些物品本来就摆放得很随意，也没有定位，时而放在这里，时而放在那里，那么也就无所谓物归原处了。这就要求父母有良好的生活习惯，能够保持生活环境的整洁。当然，这里并不包括有意识地调整家具的位置等行为。有些父母会觉得家里的物品长久地保持同样的位置摆放，会很枯燥，所以会定期调整家具的位置，这不在原处的范围之内。

当然，物归原处并不是非常死板教条的规则，而是可以根据实际情况来确定如何去做的。例如，孩子在写作业的时候，既需要用到钢笔，也需要用到铅笔，也就是他需要把这两种笔交叉使用，那么就没有必要在用完钢笔之后把钢笔放回文具盒，拿出铅笔盒，盖好文具盒，再开始使用铅笔。而是可以把钢笔和铅笔同时拿出来，等到作业做完之后，再把钢笔和铅笔一起回归到原来的地方，这显然是更节省时间的好方法。总而言之，不管是在家庭生活中，还是在社会生活中，规矩是死的，人是活的，不管是父母还是孩子，都要根据现实情况来随机应变，这样才能起到更好的效果。

根据东西不同的性质，在物归原处的时候也是需要多多注意的。有一些东西并不是可以重复使用的，例如餐巾纸。我们不能把餐巾纸用脏了之后，再放到原来的地方，而是要将其扔到垃圾桶里，从而保持桌面的整洁。对于用过的餐巾纸来说，垃圾桶就是它的去处。对于那些可以重复使用的东西，则要放在原来的地方，以备下次使用的时候能够很方便地找到。此外，物归原处不仅包括把用过的东西放回原来的地方，而且包括涉及的东西都保持干净整洁。例如，我们从书架上拿了一本书，因为拿了这本书，所以其他的书都松动了，那么我们可以顺手把其他的书摆放好，让其保持整齐，这也是是否做到物归原处的一个重要指标。

此外，既然是物归原处，就应该保证归到原处。有一些孩子在物归原处的时候，采取敷衍了事的态度。例如，孩子从衣柜里拿了一件衣服，却又觉得穿这件衣服并不合适，因而想穿另一件衣服。这个时候，他很有可能把此前拿出来的衣服随随便便地扔到衣柜里，而实际上，这件衣服之前是挂在衣柜里的衣架上的。这样直接把衣服扔到衣柜里，和把衣服挂到衣架上相比，显而易见，前者并不是真正的物归原处，后者才是真正的物归原处。

物归原处的目的是保持干净整洁，秩序井然，而不仅仅是把东西放回原来的大概位置。包括书柜也是这样的道理，如果我们从书柜里拿出了一本书来看，看完一部分后又将其放回书柜里，那么，可以把它和其他书的位置进行相应的调整，从而使下次拿取的时候更加方便。

原本物归原处，学会复原，并不是孩子必须完成的一件任务，而是孩子为了保持生活的干净清爽才采取的一项有效措施。在教育孩子物归原处的时候，父母应该督促孩子把每一件事情都做到位，这样才能产生更好的效果，才能让生活和我们的内心都时刻保持整洁有序。

坚持阅读，透过书本看世界

书籍是人类精神的食粮，读书是让孩子受益一生的好习惯。在培养孩子成长的过程中，父母如果能够帮助孩子养成坚持阅读的好习惯，孩子就透过书本看到更为精彩和广阔的世界。书本不但可以让孩子足不出户就能够了解全世界的风土人情，还能够让孩子博古通今，这是因为书籍是人类精神文明的传承，书籍记载了人类有史以来的伟大思想，也能够让我们了解更深刻的人生道理。通过阅读，孩子的思想会更加自由，孩子的人生也会更加主动。尤其是当孩子阅读了很多书时，他们的思维和眼界都会更加开阔，学习会变得更加轻松自主。那么，父母如何才能够培养孩子阅读的好习惯呢？

很多父母都会发现孩子特别抵触和排斥读书，这是因为和那些充满着光色声音的电子产品相比，书籍是非常安静的，而且是非常寡淡的。书籍往往只有黑白二色，即使是低龄幼儿看的书，也顶多是彩色的，却并没有动画片中的场面活泼精彩。所以和电子产品相比，书籍的诱惑力是更小的。当然，这是因为孩子并没有沉浸到书籍的世界里。如果孩子能够静下心来读书，了解书中的世界，他就会发现看书是比玩那些电子游戏更有趣的事情。

孩子在养成阅读的好习惯之后，就会生活在书籍的世界里，不会被现实的生活所困顿和局限。当孩子真正养成读书的好习惯之后，他就会自然而然地捧起书本阅读，而不需要父母督促。父母一定要把培养孩子阅读的好习惯当成头等大事去做，也要看重阅读在孩子一生中所起到的重要作用。

遗憾的是，现实生活中有很多父母本身就不爱阅读，他们并不愿意沉浸在书香的世界里，甚至有些父母在学习期间就不喜欢读书。那么，对于这样的父母来说，即使认识到了阅读对于孩子的重要性，也很难真正培养起孩子爱阅读的好习惯。要想让孩子养成坚持阅读的好习惯，父母首先要改变自己对于阅读的态度。父母要爱读书，这样才能成为孩子的榜样。在家庭生活中，如果父母整日都沉浸在网络世界里，玩各种各样的游戏，那么孩子就不可能喜欢读书。只有父母经常当着孩子的面沉浸在书的世界中，才能够为孩子营造浓郁的书香氛围。

正如人们常说的，父母是孩子的第一任老师，孩子是父母的镜子。当父母都很喜欢阅读的时候，孩子自然而然也就会爱上阅读。苏联教育家苏霍姆林斯基曾经说过，在家庭的精神生活中，书籍应该占据着非常重要的位置，这对于教育孩子也是非常有好处的。父母热爱读书，勤于思考，就能够对孩子提出的各种问题给予更好的解答；父母在知识的海洋里畅游，孩子也会受到父母的影响，更喜欢阅读散发出油墨清香的书籍。

具体来说，父母可以在家庭生活中开辟一段亲子阅读时光，这样就能够把培养孩子阅读的行为落到实处。例如，每个周六的下午或者是周日的上午，可以腾出半天的时间来和孩子一起开展阅读。父母读父母的书，孩子读孩子的书，在这半天的时间里，家里不应该有电子产品喧嚣的声音，每个人都要沉浸在书本的世界里，浸润书香。为了激发孩子阅读的兴趣，父母还可以针对孩子阅读的内容，在孩子阅读结束之后和孩子展开讨论。有的时候，孩子的见解会让父母大开眼界。

在读书的时候，不一定非要规定孩子必须读什么书。古人云“开卷有益”，就是告诉我们，只要读书就总能够学习到一些知识。有些父母对孩子读书也怀着急功近利的态度，他们希望孩子能够阅读对学习有用的书。实际上，每一本书对孩子的学习和成长都是有用的，只是看其效果是直接产生的，还是间接产生的。例如，有些孩子喜欢阅读科普书籍，父母会觉得这些书籍对学习没有直接的帮助，因而禁止孩子阅读。这样的父母犯了短视的错误，因为阅读科普读物可以激发孩子的想象力。很多科普读物中还会涉及百科知识，这对孩子来说是在不知不觉之中进行学习。

为了维持家庭生活，父母往往会买各种各样的用品。有些父母喜欢买衣服，有些父母喜欢买美食，其实家里最应该买的就是书。在家庭生活中，父母可以经常购买一些书。不过，家庭的购买力毕竟是有限的，那么父母还可以经常带孩子去书店或图书馆看书。如今很多大型书店都允许读者留在店里看书，让孩子经常坐在书店里看书，看到身边有很多人都和他一样正在如饥似渴地阅读，他就会受到熏陶和感染。

在日常的学习生活中，不要给孩子安排太满的学习任务，而是要给孩子留出阅读的时间。如今，很多父母都望子成龙，望女成凤，他们恨不得孩子在一夜之间就能成才，为此不惜花费重金为孩子报名上各种各样的课外补习班。其实孩子学习的方式有很多，如果孩子在学习上并没有占据明显的优势，导致成绩比较低，那么父母没必要给孩子报名太多的补习班，而是可以在时间安排上给孩子留出充裕的时间去阅读。其实在小学阶段，孩子的学习任务没有那么紧迫，所以他们更是有大量的时间用于阅读，父母还可以在此过程中帮助孩子养成读书的好习惯。在读书的过程中，孩子可以做阅读笔记，加深对书本的理解，这些对于孩子的成长都是非常有好处的。

即使在进入初高中之后，学习任务变得越来越紧张，作业也变得越来越多，父母也依然要鼓励孩子坚持阅读。阅读应该成为陪伴每个人一生的好习惯，而不应该是在特定时期才做的事情。前文说过，每个人都要活到老，学到老，阅读又何尝不是一种最好的学习方式呢?尤其是在孩子走出校园之后，学习受到很大的局限，不能再像之前单纯作为学生那样去专注地学习，如果能够以阅读的方式坚持学习，那么当然是一种非常好的方式。

在书本里，孩子可以畅游上下五千年；在书本里，孩子可以日行万里，观察世界各国的风土人情，了解不同的人和事，并且跟随着作者一起去经历和感受丰富的人生经验。阅读是一种最廉价的学习和成长方式，也是孩子最应该坚持的学习和成长方式。阅读是对人生最有效的学习和成长方式，父母一定要重视阅读，只有让孩子爱上阅读，孩子才能看到更精彩的世界。

珍惜时间，让每一分钟绽放精彩

说起孩子的学习问题，除了学习缺乏兴趣，没有主动性之外，很多父母都为孩子的拖延而感到焦虑。孩子为什么会拖延呢？拖延的后果有很多。例如，原本可以及时完成的作业，拖到晚上很晚都没有完成，压缩了孩子的睡眠时间，使孩子次日上课的时候精神萎靡不振，影响了课堂的效果，可以说这些反应是连锁的。拖延的根源在于孩子不懂得珍惜时间，如果孩子能够珍惜时间，争分夺秒地学习，那么就可以学得更轻松。因为在集中精力完成了艰巨的学习任务之后，他们就有更多的时间去休息和娱乐，从而让自己进入良性的学习状态之中。

说起珍惜时间这个话题，很多父母都感慨颇深，这是因为他们在小时候就经常被耳提面命，被教育要珍惜时间。和现在的孩子相比，父母们在小时候似乎更加珍惜时间，这是因为在小时候并没有那么多娱乐活动，看一个动画片还要等着电视台播放的时候才能看，那么除了和小朋友们玩，就只能专心致志地学习了。而现在的孩子们呢？他们不但有丰富多彩的电视节目可以看，还可以玩手机、平板电脑、台式电脑。网络的普及，让孩子接触的信息越来越多，孩子如果缺乏自控力，很容易就会被电子产品吸引注意力。虽然这些电子产品给孩子提供了很丰富多彩的生活，但是也会在无形中分散孩子的注意力，尤其是孩子缺乏自控力，往往禁不住诱惑，所以他们很容易就会沉迷其中，在不知不觉中，时间就悄然流逝了，这也是孩子浪费时间的一个重要原因。

时间是做一切事情的无形成本。很多人在考虑做一些事情的成本时，都会把金钱、精力、人脉关系等计入其中，认为这些是做事情最主要的成本。他们却忽略了一个最大的成本，那就是时间成本。不管做什么事情，如果没有时间，就无法进行下去。正是因为如此，才有人说，时间是生命的载体。的确如此，时间既是生命的载体，也是生命的组成材料。古往今来，很多伟大的人都很珍惜时间，鲁迅先生就曾说过，时间就像海绵里的水，挤一挤总还是有的。他还说，浪费别人的时间等于谋财害命。由此可见，在鲁迅先生的心中，时间是多么重要的人生资源啊！

对于年幼的孩子来说，让他们主动自发地珍惜时间显然很困难。这是因为时间是无形的，既看不见，也摸不着。孩子如果不能了解时间的各种表现形式，那么对时间的流逝就会无知无觉。其实父母可以引导孩子观察时间流逝的表现，这样才能培养孩子的时间观念，让孩子对时间流逝有更加形象的认知。例如，每天早晨太阳从东方升起，每天傍晚太阳从西边落下，这样的过程就是时间流逝的过程。当然，这个过程可能持续的时间比较长，那么为了让孩子认知时间，父母还可以为孩子准备一些计时的工具，如闹钟、沙漏等。这些都能够表现出时间的流逝。很多孩子之所以不珍惜时间，是因为他们对于时间的流逝无知无觉，也是因为他们并没有形成时间意识。当父母坚持这么做的时候，孩子就会更深刻地感受到时间的流逝，也就会形成珍惜时间的意识。

在形成时间观念之后，孩子对时间就不再是那么抽象的概念了，会通过生活中的各种表象感受到时间的流逝。那么，在珍惜时间的过程中，还应该做好哪些事情呢？

父母要引导孩子制定时间表。很多孩子之所以拖延，是因为他们觉得自己有大把的时间可以浪费，也因为缺乏危机意识，使他们不能在第一时间就做好自己该做的事情。在制定时间表之后，父母还要督促孩子严格按照时间表来做好每一件事情。一开始，这当然是非常困难的，因为时间表会极大地约束孩子，使孩子不能随心所欲地做各种想做的事。但是随着时间的流逝，孩子对于时间的把握会越来越好，所以他们就能够遵守时间表。如果孩子养成了按照时间表的计划去做好每件事情的习惯，那么他们对于时间的利用率就会大大提升。

除此之外，父母还要帮助孩子找回失去的时间。在现实生活中，孩子不管是出于有意还是无意，常常会浪费时间。例如，孩子在上学、放学的路上，会因为贪玩追一只蜻蜓，或者是和同学站在路边聊天，或者是和同学一起去玩，都会浪费时间。这种浪费时间的行为无疑是有意识的。还有一种浪费时间是无意识的，也就是说生活中有很多碎片化的时间，都会在不知不觉中被浪费掉。例如，孩子在等公交车的时候，等了十几分钟。如果孩子很珍惜时间，那么就可以利用这十几分钟背诵语文课文或者是记忆英语单词。此外，孩子也会因为注意力不够集中，使时间悄然地流逝。例如，孩子在写作业的过程中会玩一会儿橡皮，或者看一会儿课外书，这样时间就流逝了。当然，看课外书并不是在浪费时间，只是对用于写作业的这个时间段来说，是不应该看课外书的。

每个人的生命都是有限的，没有人知道生命会在何时戛然而止。正因为如此，生命的时光才显得更加宝贵。为了督促孩子珍惜时间，父母可以做的事情还有很多，例如，在家庭生活中形成规律，制定时间表，在特定的时间里让孩子休息，这对于督促孩子珍惜时间都是很有好处的。

总而言之，时间是组成生命的材料。如果我们不能拥有时间，那么生命就会戛然而止。虽然看起来每个人都有很多时间，但实际上，时间一去不复返。时间的针脚嘀嘀嗒嗒地走个不停，会让每一个珍惜时间、热爱生命的人都产生紧迫感。对于孩子而言，正处于学习的大好时光，也要善用每一分钟，才能让生命更加充实和精彩。

古人云，劝君莫惜金缕衣，劝君惜取少年时；又云，一寸光阴一寸金，寸金难买寸光阴；亦云，少壮不努力，老大徒伤悲。这些关于时间的格言警句都告诉我们，人生是一趟没有归程的单行线，流失的每一分每一秒都彻底地失去了，再也不可能回来。如果孩子眼下没有珍惜时间的意识，任由宝贵的时间悄然流逝，那么终有一日，等到孩子意识到生命的短暂和转瞬即逝，一定会为自己今日的挥霍和浪费而感到后悔。父母要从小培养孩子珍惜时间的品质，让孩子知道时间的宝贵，也能够合理地分配时间，充分地利用时间。这样孩子才会成为生命的主宰，也才会成为时间的主人。

第五章 热情开朗的好性格，让孩子成为社交达人

前文我们说了习惯对于孩子成长的重要作用，实际上，习惯对于孩子成长的作用是潜移默化进行的，需要靠着日积月累才能够实现。习惯的作用是缓慢的，相比之下，热情开朗的好性格对孩子的人生将会起到直接的作用。因此，父母要重视对孩子性格的培养，这样孩子才能够成为社交达人，受到他人的欢迎，得到他人的认可，从而营造良好的人际关系。有人说，性格决定一生，这句话是非常有道理的。也有人说，江山易改，禀性难移，正是因为如此，性格才对孩子如此重要。性格有一部分是天生的，也有一部分是在后天成长的过程中渐渐形成的，而父母就是孩子性格的雕琢师。

好性格成就未来

在形容一个人的时候，我们经常说某个人的性格非常开朗，招人喜欢，而且说他积极乐观，努力向上。为什么人们在形容性格开朗的人时会想出这么多赞美之词呢？这是因为与性格开朗的人在一起，人们常常会感到舒适放松，内心没有压力，而且非常快乐。如果用天气来比喻性格开朗的人，那么他们一定是晴天，万里无云，而且天空湛蓝，阳光照射在身上暖洋洋的，空气中弥漫着鸟语花香。总而言之，开朗的人会让我们想起一切美好的事物。与此恰恰相反，如果一个人的性格非常忧郁压抑，和他待在一起，就会感觉到空气仿佛凝滞了一般，觉得心情非常沉重。正是因为如此，法国思想家罗曼·罗兰说，开朗的性格不仅能够帮助人们保持愉悦的心情，而且可以感染周围的人，让他们觉得身边充满了阳光，气氛和谐融洽。所以说，拥有开朗的性格是人生的幸运。

当然，每个人的脾气秉性都是不同的。有的人天生外向，有的人却天生内向，但是，难道内向的人就不能开朗吗？其实内向的人也是可以笑口常开、热情爽朗的。面对不同性格的孩子，父母也往往更加喜欢开朗的孩子。开朗的孩子情绪愉悦，不管对谁都会面带微笑，他们的心思单纯善良，而且内心很宽容。即使遇到一些不开心的事情，他们也不会生气。开朗的孩子更容易拥有好人缘，他们在与人相处的时候很自在，很真诚，也很热情，从来不会表现出离群索居的样子。曾经有心理学家经过调查发现，性格开朗的孩子长大之后身心都非常健康，而且他们在社会生活中如鱼得水，游刃有余。他们不仅会拥有成功的事业，而且还会拥有幸福美满的家庭。开朗的性格如此神奇，作为父母，一定要培养孩子的好性格，才能成就孩子的好未来。

从心理学的角度进行分析，开朗不但是一种难能可贵的性格，而且是一种良好的心理状态。一个人的性格和心理状态恰恰会决定他的一生。那么，开朗的性格到底是怎样的呢？开朗的人心里充满了阳光，对人非常宽容，对自己也会要求积极向上。很多人都会有这样的感受，那就是面对一个满面笑容，如同春风一般温暖和煦的人，自己的心情也会好起来；面对一个郁郁寡欢、愁眉苦脸的人，马上会感觉到非常沉重。没有人喜欢看他人摆出一张臭脸，更没有人喜欢看他人莫名其妙的脸色。如果一个人总是以这样不好的脸色面对他人，那么就会被他人嫌弃，也会被他人孤立。如果孩子的性格是这么冷漠孤僻的，就会陷入恶性循环的状态里，人际关系非常糟糕。

看到这里，也许有些父母会说，孩子的性格是天生的，我们没有办法改变。的确，江山易改，禀性难移。然而，性格只有一部分是天生的，性格主要是在后天的成长过程中形成的。曾经有心理学家经过研究发现，性格大概有 50% 取决于基因，而剩下的 50% 则取决于环境的影响。由此可见，只要我们在孩子成长的过程中，坚持塑造和雕琢孩子的性格，就能够让孩子的性格变得越来越开朗，也能够让孩子的性格变得越来越好。

很多父母还存在一个误区，即只有外向的孩子才会开朗，而内向的孩子往往都是非常自卑和敏感的。实际上，这是对开朗的误解。内向的孩子未必不开朗，外向的孩子也不一定全都开朗。开朗既是一种心境，也是一种心理状态。开朗的人仿佛在心中点燃了一盏明灯，哪怕处于人生中的逆境，他们也能看到希望之光，也会更加积极努力地奋斗。

现代社会充满了竞争，人与人之间的关系变得空前微妙。尤其是在竞争者之间，更是要处理好关系，才能够以良性的方式展开竞争，也只有保持良好的心态，才能从竞争中脱颖而出。要想适应现代社会，孩子从小就要拥有好性格，就要乐观开朗。具体来说，父母如何做，才能让孩子变得更加开朗呢？

首先，父母要鼓励孩子多多与人交流，抓住一切机会锻炼自己。很多孩子都非常内向胆小，他们即使有机会表现自己，也会因为胆怯而不愿意表现。他们最喜欢把自己藏在某个角落里，倾听他人发表高谈阔论。实际上，一个侃侃而谈的演说家并不是天生就擅长演讲。例如，英国前首相丘吉尔就曾经是一个口吃的孩子，他也非常自卑。后来，他决定战胜自己，经常当众进行演讲练习，渐渐地，他居然成为一个伟大的演说家。

其次，要给孩子机会与朋友相处。孩子不管多么内向，他们一定会有喜欢的朋友，在喜欢的人面前，孩子就会放开自己，不再那么拘谨，也会敞开心扉与朋友沟通和交流。当这样的朋友越来越多，孩子就不会再畏惧当众说话了。在此过程中，孩子人际交往的能力也会越来越强。

再次，要充满自信。很多孩子之所以自卑，就是因为他们缺乏自信，不能客观地评价自己，也看不到自己的优势和特长。尤其是常常否定自己，这使他们对自己产生了怀疑。实际上，不管在什么时候，孩子们都要满怀自信，要相信自己是非常棒的，也要相信自己只要努力就能够改变很多事情。当孩子们内心充满了自信，他们在与人交流的时候就会更加灵活自如，他们的性格也会越来越开朗。

最后，要怀着对生活的热爱，发展兴趣和爱好。兴趣和爱好，是人生的调味剂，也是人生中乐趣的来源。一个人如果没有任何兴趣爱好，只知道辛苦地工作，只知道埋头苦干，那么他的生活一定索然无味。对于孩子来说，如果能够拥有兴趣爱好，在繁忙的学习之余，可以做自己喜欢的事情，那么就能够消除疲劳，也会感受到更多的快乐。

既然性格的50%都是由后天环境影响所形成的，那么我们就要为孩子营造积极的家庭氛围，这才有助于培养孩子乐观开朗的性格，也要给孩子创造更多的机会，让孩子能够以自己真实的性格去面对这个世界。当孩子遭遇各种坎坷挫折的时候，父母更要引导孩子完善自己的性格，有更好的表现。只有拥有好性格，孩子的人生才会每天都是晴空万里。

豁达从容，能成大器

说起豁达从容，很多人都会产生误解，觉得所谓豁达，就是对任何事都不计较，都不在乎。实际上，豁达从容并不是这样的含义。所谓豁达从容，是一种绅士风度，也是博大的胸怀。豁达从容的人具有宽厚的品性，能够达到人生中至高的境界。古今中外，很多成功者都具有豁达从容的品性，他们在面对人生中很多坎坷遭遇和不如意的时候，都能够淡然一笑，从容应对。

俗话说，人生不如意十之八九。在生命的历程中，没有任何人会是完全顺心如意的，更不可能一帆风顺。面对生活的不如意，我们要做到豁达从容地面对困难，无所畏惧地面对生活的酸甜苦辣。对于生活的百般滋味，我们都要细心地品尝。即使在生命中遭遇困境的时候，也依然能够看到很多美好的东西，也依然能够在逆境中看到希望，也依然能够在黑暗中寻找光明。

豁达从容的人有着坚定不移的信念，他们始终相信自己只要努力就能改变一切，他们也相信自己只要奋勇向前，就一定能够实现伟大的理想。豁达从容的人未必会拥有大富大贵的人生，但是他们在波澜起伏的人生中，一定会活得洒脱而又快乐。

现实生活中，很多孩子都不具备豁达从容的品性，甚至包括很多父母，也都不能做到豁达从容。很多孩子都是非常草率武断的，而且任性霸道，这是因为在家庭生活中，他们已经习惯了接受父母无微不至的照顾，也已经习惯了家里所有人都围绕着他们转。渐渐地，他们就形成了小心眼儿，遇到任何事情都只会从自己的角度出发考虑问题。一旦被别人伤害了，或者是被别人得罪了，他们就会揪住别人的错误不愿意放。还有一些孩子在与他人的攀比之中，嫉妒心变得越来越强，根本不懂得以宽容的心去对待他人，也不懂得设身处地地为他人着想。这使得孩子之间的矛盾冲突频繁发生。前几年，有一个初中生因为和同学之间发生矛盾，居然用锋利的美工刀把同学的后背划出了几道长长的口子，缝合了若干针。不得不说，孩子之间发生这样的恶意伤害事件，父母听到了都会感到伤心难过。社会生活是复杂的，如果孩子在学校里不能跟同学友好相处，将来走出学校，走入社会，又怎么能够从容地应对各种情况呢？

启功是大名鼎鼎的书法家。有一次，他和几个朋友路过一家字画店。这家字画店正在出售一些仿制的字画，其中就有滥竽充数冒充启功真迹的书法作品。书画店的老板大言不惭地说：“启功是我们的老师，经常会光顾我们这个店来指导工作。”看到店主信口雌黄，朋友当着店主的面问启功：“启老，您真的有他这样的学生吗？”听到这话，店主大吃一惊，他仔细观察，才发现启功就站在自己的面前。

店主惊慌之余，赶紧请求启功：“请您老高抬贵手，我真的是因为生意惨淡，挣不出钱来养家糊口，所以才想出这样的办法。”启功没有生气，反而笑着说：“既然你是为了生活，那我就不追究你的责任了。但是你要记住一点，可不能模仿我的笔迹写一些不好的话啊，不能误导别人！”店主羞愧地连连点头，赶紧向启功道歉。

启功说完这番话，就不再追究这件事情，和朋友一起走出字画店。朋友问启功：“难道您就让这件事情这么过去了吗？”启功笑着说：“不让这件事情就这样过去了，难不成还把店主送进去坐牢吗？他既然是生活所迫才做出这样的事情，那也就是情有可原的。对于这样一个喜欢我作品的人，哪怕是他来找我借钱，我也应该借一点儿给他呀。我应该向唐寅、文征明学习。听说在当时，也有很多人模仿他们的画，但是他们不但不会追究仿冒者的责任，反而还会给这些赝品题字，这样那些穷人就能够把这些赝品卖出更高的价格。做人啊，应该宽容豁达一些，放过别人，就是放过自己！”听了启功的话，朋友若有所思，脸上流露出敬佩之意。

把模仿自己笔迹的人抓了个正着，如果启功是一个小心眼儿的人，正好可以把店主揪到公安局里，追究店主的责任。但是启功很理解穷人生活的艰辛，他非但没有追究店主的责任，反而还提醒店主不要写反动的标语，给自己带来麻烦。启功可真是一个豁达宽容的人，难怪会成为书法大家呢！

豁达宽容的人，不会揪住别人的错误不放，也不会因为一些小小的利益就放下大义。那么，如何才能拥有豁达的心胸呢？我们要牢记郑板桥所说的“难得糊涂”。生活中很多事情并不是非对即错、非黑即白的，而是会处于中间的灰色地带。对于那些不能以黑白对错来判断的事情，我们无须钻牛角尖，更不要斤斤计较。有一些事情本身并不值得计较，但是如果当事人总是揪着这些事情不放，就会把小事变大，把大事变得无法收场。

要想培养孩子豁达从容的品格，父母还应该教会孩子控制自己的欲望。很多孩子在成长的过程中，因为受到周围环境的影响，往往会在物质方面与其他同学攀比，使得自己被套上物质的枷锁，只能痛苦地在其中挣扎。人活着固然需要物质的支撑，但是物质却不是人生追求的唯一目标，尤其是在把物质与精神和感情相比的时候，物质更是位居第三。只有把物质看得更淡一些，孩子们才能保持心境淡然。

那么，如果当面被他人嘲讽，又应该如何做到豁达从容呢？俗话说，谁人背后不说人，谁人背后无人说。对于孩子而言，一定会被他人在背后议论，如果听到不好的话，可以运用幽默和自嘲的方式来为自己解围。每个人活在这个世界上都是时而笑笑别人，时而又被别人笑笑，这正是人生的真相之一。

“人有悲欢离合，月有阴晴圆缺，此事古难全。”这句话出自苏轼的《水调歌头》，告诉我们人生中充满了无奈。既然我们不能改变这些令人无奈的事情，那么就应该学会接受。对于那些我们可以改变的事情，我们则要勇敢面对，不懈争取。正如一句网络流行语所说的，如果哭着也是一天，笑着也是一天，那么我们为什么不笑着度过人生的每一天呢？

面对挫折，要百折不挠

俗话说，人生不如意十之八九。在成长的过程中，孩子一定会经历各种坎坷挫折，也会遭遇各种意外的打击。如果孩子有足够强大的内心，拥有百折不挠的精神，就能够抵抗挫折和打击，也就会变得越来越强大。反之，如果孩子被这些挫折和打击彻底击倒，那么他们就会因此而陷入成长的误区无法自拔。面对挫折，既然是不可逃避的，那么就要勇敢积极地应对。

人们常说命运总是公平的，其实很多人都觉得命运并不公平。有的人生来就具有很高的起点，有的人却生而要在很低的起点上苦苦挣扎。在面对挫折的时候，命运的确是公平的，每个人都不可能躲避挫折，不管是早是晚，也不管以怎样的形式，人人都会遭遇挫折。从这个意义上来说，挫折是人生的必修课，孩子只有从这门课程中顺利毕业，才能以更强大的内心面对人生。

有些孩子内心非常强大，他们在面对挫折的时候能够振奋精神。既然知道挫折是不可避免的，他们就会勇敢直面，也在战胜挫折的过程中提升自己的能力。有些孩子则恰恰相反，他们应对挫折的能力很差，一旦遭遇挫折，就会萎靡不振，甚至会怨天尤人。还有一些孩子在挫折的磨砺之下，会产生心理的扭曲和变态，甚至因此而结束自己稚嫩的生命。不得不说，面对挫折的态度在很大程度上决定了命运的走向，也决定了每个人将会拥有怎样的人生。

挫折是每个人的人生必答题，孩子只有对这道题圆满解答，才能够迈过挫折，走向人生的更高处。在教育孩子的过程中，父母切勿给孩子营造人生一帆风顺的假象，而是要给孩子适度的挫折教育，让孩子在挫折的历练下，内心变得越来越强大，也在患得患失的过程中保持心态的平衡，这样他们才能够成为真正的人生强者。

现实生活中，很多父母都对孩子照顾得无微不至，他们会无条件地满足孩子所有的要求，也会对孩子的一切梦想都竭尽全力地支持。实际上，这是给孩子营造了人生虚伪的假象，真实的人生从来不会是一帆风顺的。当父母让孩子误以为生命的历程就是应该如此顺遂如意的时候，一旦遭受挫折，孩子就会觉得无法承受，也无力应对。现代社会，孩子的抗挫折能力都很差，而且会有输不起的心态。

具体来说，有些孩子求胜的心理很强，不管在怎样的竞赛之中，他们都要求自己必须获得胜利，这实际上是在逼着自己只能成功，不能失败。也有一些父母会对孩子提出只能成功，不能失败的要求，这往往让孩子承受更大的心理压力。孩子的能力有限，他们不可能在所有竞争中都获得胜利，和成功相比，失败才是孩子成长的常态。从这个意义上来说，父母应该创造机会让孩子失败，这样孩子才能够感受到失败的滋味，也才能够踩着失败的阶梯，勇敢地向上攀登。

当孩子表现出输不起的心理状态时，父母一定要引导孩子接受失败，而不要欺骗孩子，更不要使孩子误以为他理所当然地应该获得成功。父母应该理性地告诉孩子，没有人能够始终成功，这样孩子才能渐渐地接受自己失败的事实，也才能在面对失败的时候，积极主动地积累经验。没有失败就无所谓成功，只有深刻地体会到失败的滋味，才能够知道成功意味着什么。如果孩子在成长的历程中始终都在获得成功，那么在遭遇失败的时候，他们就会特别颓废，还有可能因为无法接受失败而做出过激的举动。

在遭遇挫折的时候，人会产生各种负面的情绪，例如孩子会感到恐惧、悲观、压抑、沮丧、无奈。不管孩子本身的性格是怎么样的，在面对失败的时候，他们都会受到心理上的沉重打击。在这种时刻，父母不要庇护孩子，让孩子免于遭受失败的磨难，也不要为孩子的失败寻找各种各样冠冕堂皇的借口。只有直面失败，剖开失败的深层次原因，孩子才能够在失败中得到成长。例如，有些孩子考试成绩很糟糕，父母会说他们是因为粗心而丢了一些分，这就相当于是在给孩子开脱。有一些孩子学习表现不好，父母会说他们是因为调皮才这样的，这也会让孩子借机钻了空子，不愿意深刻反思失败。

也有一些孩子之所以不愿意面对失败，是因为他们对成功的理解太过狭隘了。太多的孩子都以为只有一次性把事情做好，才是真正的成功，却不知道失败也是通往成功的必经之路。在经历了失败的挫折之后，能够重新鼓起勇气，越挫越勇，直到获得成功，这样的成功是更得来不易的，也是更值得珍惜的。父母可以讲一些名人成功的事例给孩子听，让孩子意识到只有经历挫折后才能成功，也只有经历失败后，成功的果实才更加甘甜，从而加深孩子对于成功的理解，这显然是孩子在成长过程中更迫切需要得到的帮助和引导。

“宝剑锋从磨砺出，梅花香自苦寒来”“不经历风雨怎么见彩虹”……这些耳熟能详的话都告诉我们，成功从来不是一蹴而就的，而是要历经辛苦才能得到。孩子一定要摆正心态，要勇敢地奔向成功，不要因为不能获得成功就沮丧绝望，甚至彻底放弃，这么做，只会彻底与成功绝缘。

培养孩子坚韧不拔的意志力

孩子还小，各方面的能力都不足，又因为缺乏人生的经验，所以在遇到很多突然发生的情况时，他们往往会不知所措，也会陷入孤立无援的状态之中，因而情绪激动，行为被动。这个时候，孩子也许会号啕大哭起来，也许会积极地寻求帮助，实际上，不管采取哪一种方式，当孩子慌乱和不知所措的那一刻，就意味着孩子不够坚强。现代社会，各种意外的情况随时都会发生，父母一定要培养孩子坚强的品质，才能让孩子勇敢地面对人生。

孩子还小，他们在情感方面并没有经受过锤炼，所以偶尔有不坚强的表现也是可以理解的。没有人在出生的时候就能够面面俱到，表现得非常好，也不可能始终保持理性的状态。面对一切突如其来的情况，人的本能就是逃避和畏缩。每个人天生就很脆弱，这种脆弱无助的状态并不能完全避免。最重要的是在教育孩子过程中，尤其是当孩子面对困难和挫折的时候，父母要有意识地引导孩子，要教会孩子坚强，这样孩子才会渐渐地形成坚韧不拔的意志力。父母切勿觉得孩子还小，就对孩子降低要求，就纵容孩子放纵情绪。一切优秀品格和好习惯的培养都应该从小开始，这样孩子才能渐渐变得越来越坚强。

这个时代从来不相信眼泪，只有坚强的人才能被委以重任，才能够成为时代的弄潮儿，做出自己的成就，拥有属于自己的成功。有些父母觉得孩子不需要太坚强，因为如果孩子过于坚强，他们就会拒绝他人的帮助，得不到他人的助力。的确，一个过于好强的人不会去苦苦哀求得到他人的帮助，但是他们却会积极地反思自己，寻找原因，积极地改进自己做得不好的地方，让自己越来越强大。父母要知道，得到别人的帮助只是一种运气，并不是一种必然，所以让孩子自身变得强大才是最重要的。

还有一些父母觉得孩子过于坚强，意志力非常坚韧，那么在面对一些糟糕的情况时，他们就会咬紧牙关独自承受，而不会去积极地求助。的确，很多坚韧不拔的孩子都会有这样的表现。这难道不是一种好现象吗？虽然说人人都需要生活在人群之中，人人也都需要得到他人的帮助，但是这并不意味着孩子必须依赖他人的帮助才能生存下来。人生之中会有各种各样意外的事情发生，父母不可能永远跟随在孩子身边，就像老母鸡一样张开翅膀保护孩子。所以，早一些培养孩子坚韧不拔的意志力，对于父母而言是一种明智的决定。

很多孩子并不知道怎么做才算是真正的坚强，很多年纪比较小的孩子，在摔倒了之后并不会趴在原地哭泣，而是会忍着疼痛爬起来，拍拍身上的泥土，继续往前走，这就是坚强的表现。那么，爱哭的孩子算坚强吗？爱哭的孩子当然也可以很坚强，例如，他们在刚刚摔倒的时候因为疼痛而哭泣，但是在得到父母的鼓励之后，他们会选择靠着自己的力量站起来继续往前走，这同样是坚强的表现。坚强并没有统一的标准，然而对于每个人来说，坚强都有一个共同的标准，那就是能够战胜自己的软弱，让自己变得越来越强大。

正如很多父母所担心的那样，如果孩子过于坚强，是否会不愿意求助呢？这不是因为孩子太过坚强导致的，而是因为孩子过于爱面子导致的。很多孩子都特别爱面子，特别自负，他们对于坚强的理解非常狭隘，认为所谓坚强就是要坚决拒绝外力的帮助，凡事都亲力亲为。这是对坚强的误解，也是对坚强的偏见。孩子能力有限，求助他人是正常的，尤其是当孩子的能力还不足以应付各种各样的情况时，求助他人反而可以让孩子得到助力，积极地解决问题。在求助的同时，孩子是想完成任务的，如果他们觉得自身能力不足，那么他们就会想方设法地寻求助力。正如一位伟人所说的，不管是黑猫还是白猫，只要能抓住老鼠的就是好猫。对于孩子来说，也是同样的道理。即使孩子采取求助的方式，借助于他人的帮助才完成任务，他们也是非常坚强的，这是因为求助也需要运用智慧，也需要与他人密切配合，这何尝不是一种解决问题的好办法呢？

不管面对怎样的问题，孩子都应该拥有坚韧不拔的意志力。很多孩子畏难的情绪很浓重，在面对难题的时候还没有开始尝试呢，自己就先放弃了。这样的自我放弃只会导致孩子彻底失败。也有一些孩子拥有知难而上的勇气和决心，他们越是面对困难，就越是振奋精神，努力向上。在此过程中，他们有可能摔倒，也有可能遭遇失败，但是没关系，只要不放弃，他们就一定能够到达胜利的终点。

内心强大，才能知耻而后勇

古人云，知耻近乎勇，意思是说，一个人只有懂得羞耻，才能做到自省自勉，才能够发愤图强，自强不息。然而人人都明白这个道理，但是却很少有人愿意暴露自己的错误。大多数人为了维护自己的面子和尊严，会刻意逃避自己的错误，这样的行为与勇敢毫无关系。不仅个人如此，国家也是如此。在诸多国家之中，德国是一个非常独特的存在。众所周知，在第二次世界大战之中，德国法西斯是邪恶的代表，他们总是侵略其他国家，而且冷漠残暴。最终，法西斯落败了，德国也从一个蛮横跋扈的国家变成了战败国。对于这样不堪回首的过往，德国又是如何做的呢？

1970 年 12 月 7 日，时任德国总理勃兰特访问波兰。在行程之中，勃兰特经过一处犹太人的居住区。出乎所有人的预料，勃兰特突然双膝跪地，跪在犹太人纪念碑前。当时，天上正在下着大雨，纪念碑前的大理石湿漉漉的，但是勃兰特跪得毫不迟疑，跪得非常坚定。在这一跪面前，整个世界都被勃兰特感动了。

对于对犹太民族犯下的罪行，不仅仅是勃兰特，德国的很多位总统、总理都表现出深刻的忏悔。不仅如此，德国还规定，呼喊纳粹的口号，打着纳粹的旗帜，佩戴纳粹的标志，都属于违反法律的行为，都要给予严厉的惩罚。作为在第二次世界大战期间叱咤风云的一个强大国家，在面对自己犯下的错误时，他们丝毫没有加以掩饰，而是坦然地承认错误，并且进行深刻的反省。与此同时，他们还采取各种措施来表明自己改正错误的态度和决心，这不是勇气，又是什么呢？我们不可否认，德国的确犯下了不可饶恕的滔天大罪，但是德国认错的态度却也是值得我们学习的。德国知道自己的耻辱，所以才能够赢得全世界的理解和尊重。正是因为如此，在第二次世界大战之后，德国才能融入国际社会，也才能进入国际的大舞台。

古人云，知人者智，自知者明。这句话告诉我们，一个人如果知道自己曾经犯下的错误，并且战胜自己，面对曾经的耻辱，积极地改正错误，那么他就能够以强者的姿态得到他人的认可和尊重。这种强者的姿态不是力量的强大，不是横行霸道，而是内心的强大。一个真正勇敢的人，敢于面对自己的错误，他们不怕自己的错误被他人知道，而是会当着他人的面揭露自己血淋淋的伤疤。在他们心中，耻辱固然是耻辱，却也是推动他们不断进步的力量。耻辱对那些内心软弱的人来说，就像一个丑陋的伤疤，会让他们颜面尽失，但是对于真正的强者而言，却是一种鞭策，会促使他们努力前进，会让他们时刻都牢记自己的过往。

在教育孩子的过程中，父母也要教育孩子知耻而后勇，或者至少要让孩子知道什么是耻辱，这样才能让孩子变得越来越勇敢。遗憾的是，现实生活中，有些孩子根本不知道什么是耻辱。他们总是以自我为中心，做任何事情都从自我的主观意识出发，而很少能够设身处地地为他人着想。尤其是在人际相处的过程中，他们总是过于看重自己，使人际关系变得特别紧张。

甜甜和丽丽是好朋友。有一天，甜甜滑着妈妈新买的滑板车出去玩，正好遇到丽丽也在公园里。她们见面之后非常兴奋，便一起玩了起来。玩了一会儿，甜甜又开始滑滑板车。这辆滑板车是蓝粉相间的颜色，上面还有《冰雪奇缘》的图案呢，看起来非常漂亮。丽丽看到甜甜滑着崭新的滑板车，羡慕地问："甜甜，甜甜，我可以滑你的滑板车吗？"

甜甜很珍惜这辆滑板车，她对丽丽说："滑板车是妈妈新给我买的，我不想给你滑。如果你想滑滑板车，让你妈妈也给你买吧。”听到甜甜的话，丽丽很不开心。她问甜甜：“你为什么不想给我滑？”甜甜耐心地解释道：“因为这是妈妈刚刚给我买的车，我自己还没有滑够呢！”这个时候，丽丽走过去开始打甜甜，一边打一边生气地说：“让你不给我滑滑板车，让你不给我滑滑板车！”甜甜突然受到攻击，号啕大哭起来。甜甜奶奶赶过来问丽丽：“丽丽，你怎么打甜甜呢？”丽丽理直气壮地说：“谁让她不给我滑滑板车的！”这个时候，丽丽奶奶也走了过来，听到丽丽这么不讲道理，丽丽奶奶训斥丽丽：“你快给甜甜道歉，你打人是不对的！”丽丽振振有词地说：“我不给她道歉，谁让她不给我滑滑板车的！应该她给我道歉才对！”听了丽丽的话，甜甜奶奶生气地说：“你这个孩子怎么不讲道理呢！你如果不给甜甜道歉，我会把这件事情告诉你的妈妈，让你妈妈给你讲道理！”

晚上回到家里，丽丽妈妈问丽丽：“丽丽，今天你有没有犯什么错误？”看到妈妈严厉的表情，丽丽心中有愧，忍不住哭了起来，说：“妈妈，今天我打甜甜了。”妈妈问清楚事情的原委，和甜甜奶奶说的一模一样，因而板起面孔训斥丽丽：“你为什么打甜甜？滑板车是甜甜的，甜甜可以给你滑，也可以不给你滑。如果你因为甜甜不给你滑滑板车就打甜甜，那你可真是太不讲道理了！你必须向甜甜道歉！”

在妈妈的严厉训斥之下，丽丽意识到自己的错误。次日，她专程找到甜甜道歉，坦诚地承认了自己的错误。得到丽丽的道歉，甜甜原谅了丽丽。在妈妈的教育下，甜甜也把滑板车与丽丽分享了，她们又成了亲密无间的好朋友。

在家庭生活中，很多孩子都得到了父母和长辈无微不至的照顾，不管有什么愿望都会第一时间被满足，在无形之中就会越来越任性霸道。丽丽之所以打甜甜，就是因为甜甜拒绝满足她的请求，她就理直气壮地攻击甜甜。不得不说，这是不知耻的表现。幸好丽丽妈妈还是很讲道理的，在从甜甜奶奶口中得知事情的原委之后，回到家里，她先是让丽丽说了一遍事情的经过，又严厉地批评了丽丽，让丽丽知道耻辱。在这样的过程中，丽丽才明白自己的行为是错误的，也才向甜甜道歉。

除了不懂道理之外，很多孩子不知耻，也表现在他们的穿衣打扮和言谈举止上。有一些孩子衣着暴露，穿得很不体面；有一些孩子总是做出一些有违社会公德的事情，例如他们会在某地刻上“某某到此一游”的字样，也会随手把垃圾扔在地上。这些行为都会影响社会的公共环境，都是不知耻的行为。孩子只有知道耻辱，才知道自己应该怎么做；如果孩子压根儿不知道自己的所作所为是错误的，那么他们就不会改正错误，更不会改变自己的言谈举止。

很多孩子在意识到自己的错误之后会产生愧疚感，他们会掩饰自己的错误，以免被他人指责。不得不说，这是孩子的逃避心理在产生作用。对于孩子这样的行为，如果孩子的自尊心很强，那么父母可以采取委婉的方式向孩子指明错误，也可以引导孩子及时道歉。只要孩子能够意识到错误，并且改正错误，就达到了预期的目的。在一些特殊情况下，不一定非要当面指出孩子的错误，损害孩子的颜面。

也有一些孩子因为自尊心过于强烈，反而会起到相反的效果。例如，有一些孩子过于看重面子，在犯了错误之后，反而不能积极地道歉，而是会采取逃避的态度把自己封闭起来，这就是一种过激的反应。一个人只有认识到自己的错误才能改正错误，一个孩子也只有知道自己的耻辱才能避免做出让自己蒙羞的事情。父母要让孩子知道，在成长的过程中犯错误是正常的，最重要的不是因此而感到羞愧，而是积极地改正错误，使自己的言谈举止更加符合社会规范的要求。在此过程中，孩子的内心得到锻炼，会越来越强大，也会以正确的态度面对错误，以积极的举措改正错误。

第六章
源自心底的热情，让孩子的学习内驱力源源不竭

对于孩子而言，学习是一件需要持续努力的事情。学习不能一蹴而就，而要靠着持续的努力来获得点滴的进步。在不断积累的过程中，学习才能由量变到质变。不仅对于学龄阶段的孩子而言，对于所有人来说，人生都要实现活到老，学到老。这是因为现代社会竞争的压力很大，每个人只有保持学习的良好状态，才能不断地给自己充电，从而让自己适应更高的要求，获得更好的生活。

学习是有技巧的，被动地学习效果很差，只有坚持主动学习，孩子才能学到更多的知识。父母要积极地培养孩子学习的热情，让孩子孜孜不倦地学习更多的知识，让孩子主动地保持学习的良好状态。当孩子对学习充满热情，父母还发愁孩子在学习上没有良好的表现吗？即使孩子不能获得很高的成绩，也会像海绵吸水那样汲取知识，这对孩子而言才是最佳的成长状态。

营造良好的家庭学习氛围

说起学习，很多父母都百感交集，他们会因为孩子的学习成绩忽上忽下而感到紧张焦虑，也会因为孩子的学习成绩始终得不到提升而担忧，甚至充满抱怨。只有少数孩子的学习成绩非常好，他们的父母会感到很宽慰，也觉得孩子乖巧懂事。绝大多数父母都会怀着恨铁不成钢的气愤与无奈，对孩子的学习指手画脚。这样的急迫并不能督促孩子爱上学习，父母只有了解孩子对学习的感受，才能有的放矢地激发孩子的学习热情。

很多孩子都认为学习是一件令人讨厌的事情。老师和父母全都很关注孩子的成绩，尤其是父母，简直就是学习的监工，他们每时每刻都在监督孩子把所有的时间和精力都用于学习，而不允许孩子尽情玩要，这直接导致孩子的童年生活枯燥乏味，也使孩子把学习列为自己的头号敌人。在学习方面，孩子的天赋是不同的，有的孩子轻轻松松就能学得很好；有的孩子虽然非常努力，却并不能够如愿以偿。有的人怀着对学习的热情，活到老学到老；有的人却在学习的道路上因为各种各样的原因而放弃。那么，学习的能力是天生的吗？并非如此。学习的能力一方面取决于天赋，另一方面也受到家庭环境的影响。

很多父母只是要求孩子认真努力地学习，自己却并没有为孩子树立学习的榜样。他们下了班之后就打游戏，或者看无聊的电视剧，而从不会捧起书本阅读。家庭氛围对孩子的影响是很大的，如果整个家庭里并没有学习的氛围，父母都在进行娱乐活动，而唯独要求孩子要专心致志地学习，那么显然，孩子很难做到这一点。反之，如果父母能够为孩子营造学习氛围，让家庭中充满了浓郁的学习气息，尤其是每天晚上，在孩子写作业的时候，父母处理完家务，也能捧着书本静静地阅读，那么就会给孩子以激励和鼓舞。这样的教育虽然不用言传，但是却以身教起到了更好的效果。相信在父母的榜样作用之下，孩子渐渐地就会养成自觉学习的好习惯。

营造良好的家庭学习氛围，除了要和孩子一起学习，还要让家中充满了书香。在很多家庭里，书都是一个摆设品。很多家庭里虽然有各种各样的娱乐设施，但是唯独没有书，这就会让孩子缺少书香的浸润，对待学习的态度自然也就不那么积极。有一些父母每天都非常忙碌，他们不是忙着上班，就是忙着出门应酬，不是忙着梳妆打扮自己，就是忙着进行各种娱乐活动，只是忙里偷闲地督促孩子学习，孩子又怎么会心甘情愿地学习呢？

如果父母想让孩子积极主动地学习，就应该成为孩子的好榜样，就要在家庭生活中为孩子营造良好的学习氛围，这样才能事半功倍地督促和教育孩子。具体来说，父母要做到以下几点。

首先要多多买书，也要多多看书。最好为家里准备一整面墙的大书柜，使孩子一进家里就能看到摆放整齐的书，在闲暇的时候也能捧起一本书用心阅读。在这样的家庭里生活，日久天长，孩子就会沉浸在知识的海洋里畅游。当然，这些书一定不能是作为摆设的，父母在日常休息的时候也可以多多看书。父母要为孩子购买那些经典的文学名著，让孩子受到文学的熏陶，发自内心地爱上阅读。

对于父母而言，家里有了书之后，并不是把书作为摆设放在那里就可以的，而是要真正地把书看进去。很多父母为了给孩子做榜样，拿着书假模假样地看，不停地告诉孩子，“你看，爸爸妈妈都在认真学习，认真读书，你也要认真学习，认真读书”。其实，孩子并不是那么好糊弄的，他们能够感受到父母是真的在看书，还是假装在看书。所以，父母不要总是做样子给孩子看，而是要认真地把书读进去，要知道书中在说什么，还可以找一个笔记本来做读书笔记。看到父母如此认真地阅读，相信孩子也会模仿父母的样子，沉浸在书的世界中。

很多孩子之所以觉得读书枯燥，是因为在读书的过程中没有互动。父母为了增强孩子学习的趣味性，可以在家中营造讨论的氛围。例如，在读完一本书之后，和孩子针对这本书的内容进行交流，对于有分歧的地方，还可以进行深入的讨论，与孩子各抒己见。这样不但可以了解孩子的所思所想，也可以让孩子有机会发表对书本的见解，从而使孩子产生更浓郁的阅读兴趣。当然，除了讨论书中的各种问题，对于社会生活的各种时事，父母也可以积极地与孩子进行讨论。

很多父母都觉得孩子还小，并不明白那些大事件，而实际上，孩子虽然小，却也生活在这个时代之中，也是社会的一分子。他们也会关注社会上各种各样的热门事件，父母恰恰可以借助于对这些事件进行讨论的机会，让孩子深刻领悟这些事件中蕴含的道理，岂不是一举多得吗？

语言是思想的外衣，沟通是人际交往的桥梁。父母与孩子之间如果经常能够进行沟通，以语言交流的方式彼此诉说内心，亲子之间的关系就会越来越亲密。这样的方式既能够拉近亲子关系，增进亲子感情，又能够激励孩子学习，可真是不折不扣的好方法呀！

给孩子机会自主安排学习

“牛不喝水强摁头”是一句民间俗语，意思是说，如果牛不想喝水，即使把牛的头摁下去，让牛喝水，牛也未必会喝。在现实生活中，很多父母对于孩子的学习正在采取这样的态度，那就是当孩子不愿意主动学习的时候，父母就逼着孩子去学习。这么做的效果令人担忧。学习是一个需要长期投入，努力坚持才能做好的事情，如果孩子不能做到心甘情愿地学习，而是对学习怀有抵触的态度，那么他们学习的效果一定会大打折扣。

现代社会，大多数父母都陷入了教育焦虑状态，他们望子成龙，望女成凤，把孩子的学习看得非常重要。当孩子还在娘胎里的时候，很多父母就为孩子报名参加亲子班。在孩子出生之后，他们又张罗着为孩子买小学学区房、初中学区房。孩子终于到了上幼儿园的年纪，他们就开始为孩子报名参加各种培训班。在这样的过程中，孩子往往感到非常疲惫，他们既不想配合父母去学习各种各样的知识，也不想被父母指挥着来回奔波。做一件事情如果是被动地去做，那么效果往往是很糟糕的；如果是主动地去做，那么就能起到事半功倍的效果。明智的父母不会总是逼着孩子学习，而是会引导孩子主动学习，也会给予孩子机会自主地安排学习。在此过程中，孩子会意识到学习的重要性，也会领悟到如何学习才能够起到最好的效果，这样他们在学习上才能获得更大的进步。

在很多家庭里，每天晚上孩子写作业的时候都会鸡飞狗跳，父母与孩子之间恨不得展开一场大战。一旦孩子表现出心不甘情不愿的样子，父母就会马上板起面孔来严厉地训斥孩子，甚至有一些脾气暴躁的父母还会打骂孩子。也有一些父母本身非常焦虑，当看到孩子对学习怀有抵触和排斥的态度，他们很有可能因为过于愤怒而伤害孩子或者伤害自己。不得不说，当父母不能控制心态，不能以端正的态度对待孩子的学习时，就会无形中把学习变成孩子的敌人。这么做的后果就是，孩子非但不会热爱学习，反而会更加讨厌学习。

孩子都是有逆反心理的，对于父母强求他们必须做的事情，他们即使迫于父母的威严而做了，也会很抵触。此外，由于这件事情不是他们真正想去做的，所以他们在做的过程中并不会全力投入，效果堪忧。父母要知道学习是一个漫长的过程，父母不可能永远手中拿着鞭子在背后催促孩子，为了一劳永逸地解决问题，父母应该给孩子机会，让孩子自主安排学习。这就相当于让孩子把学习变成自己愿意做的事情，让孩子在主动学习的过程中调整心态，这样孩子才能从被动学习渐渐地调整为主动学习，也才能在学习上取得更好的效果。

妈妈给帅帅报名参加了八个课外培训班。这八个培训班都集中在星期六和星期天，这使得帅帅周六日两天非常忙碌。例如，仅周六一天，他就要上五门课程，其中有三门课程在同一个地方，另外两门课程分别在两个地方，而且距离还不算近！这意味着帅帅要在一天里跑三个地方。帅帅自己坐公交车根本来不及赶去上课，因此周六整整一天妈妈都陪伴在帅帅的身边，先把帅帅送到第一个地点上课。等待帅帅上完三门课程之后，妈妈再开车带着帅帅去往第二个地点。等到帅帅上完第四门课程之后，妈妈又马上带着帅帅赶往第三个地点。在奔波的过程中，帅帅感到非常疲惫，上课的效果也不好。

和周六要上五门课程相比，周日只需要上三门课程，是相对轻松的。但是，帅帅还有学校的作业需要完成。到了周日晚上，帅帅好不容易完成了所有课程的作业，想要看一会儿电视，他才刚刚坐到电视机前，打开电视，妈妈就板着脸对他说："你的作业都完成了吗？那就看一会儿课外书。电视有什么好看的！"听到妈妈的话，帅帅的脸色马上由晴转阴，原本如释重负的心也再次变得沉重起来。

此后，帅帅完成作业的时候拖拖拉拉，反正做完了作业也不能进行任何娱乐活动，还不如慢慢腾腾地做呢！有的时候，帅帅完成了校内作业，妈妈还会安排他做更多的课外作业，帅帅对此牢骚满腹，妈妈却毫不在乎帅帅的感受。无奈之下，帅帅只好消极怠工，不愿意配合妈妈。看到帅帅变得越来越拖延，妈妈百思不得其解。

一个偶然的机会，妈妈听到一位心理教育专家说，拖延其实是孩子的一种消极抵抗状态。她突然想到：帅帅如今完成作业的时间越来越晚，是否就是为了逃避做课外作业或者是阅读课外书呢？想到这里，妈妈决定换一种策略对待帅帅。她对帅帅说："帅帅，周六日你是很辛苦的，那么周日的晚上，如果你能够早早完成作业，妈妈允许你看电视，到九点钟再洗漱睡觉。"得到妈妈的"特赦令"，帅帅高兴得一蹦三尺高。这个周日，帅帅下午六点就完成了所有作业。妈妈检查作业时，发现帅帅把作业做得又快又好。经过这件事情，妈妈知道了让孩子自主安排学习是非常重要的，而且还要给孩子留出自由活动的时间。后来，为了提升帅帅上课外培训班的效果，妈妈还允许帅帅把八个课外培训班缩减到五个，而且让帅帅自主地决定留下哪些课外培训班。在这次调整的过程中，帅帅非常积极地分析自己到底需要留下哪些课外培训班，在上课的时候也变得更加认真了。虽然课外培训班从八个缩减到五个，但是帅帅学习的效率却大大提升。

学习是需要主动性才能做好的事情，如果父母总是逼着孩子学习，也不顾孩子是否愿意，就会导致事与愿违。明智的父母不会“牛不喝水强摁头”，而是会采取迂回战术，根据孩子的脾气秉性，也根据孩子现实的学习情况，给孩子更大的空间，让孩子自主地安排和决定。这样一来，孩子就会获得更大的主动权，也会以更积极的态度投入到学习之中。

要想让孩子提升学习的效率，除了要给孩子自主安排学习的机会，还有很多辅助的方法。例如，要激发孩子对于学习的兴趣。前文就曾说过，兴趣是孩子最好的老师，只有拥有兴趣，孩子才会主动学习。

激发孩子的兴趣可以从很多方面入手，例如，让孩子把这门课程学以致用，让孩子喜欢教授这门课程的老师，这些方法的效果都是很好的。除此之外，还应该教会孩子事半功倍的学习方法。虽然学习是没有捷径的，但却有方法可循。很多孩子因为缺乏学习经验，并没有摸索出有效的学习方法，那么父母可以在这个方面给予孩子更多的指导。举个例子而言，很多孩子都为背诵而感到烦恼，不知道如何才能够更快地把需要背诵的内容背诵下来，那么父母可以把艾宾浩斯的遗忘曲线介绍给孩子，让孩子根据遗忘曲线来进行强化记忆和背诵，效果往往是特别好的。

孩子在学习上获得了小小的成就，就会充满自信。在这样的情况下，父母再给孩子机会自主安排学习，孩子就不会偷懒耍滑，而是会端正态度，让自己在学习上有更好的表现，取得更大的进步，也得到父母和老师的认可。心若改变，世界也随之改变。当孩子对待学习的态度改变，孩子在学习方面就会进入良性的循环状态。他们在学习上获得进步之后，对于学习的态度会产生根本性转变，显而易见，这是一个一劳永逸的好方法。

不忽视孩子的每一次提问

有些父母说孩子就是行走版的“十万个为什么”。在很小的时候，一些孩子就会表现出勤思好问的优秀品质。和父母出去玩的时候，不管看到什么东西，他们都充满了好奇，都会询问父母这个东西到底是什么，有什么作用，是如何生产出来的。对于孩子这一系列的问题，父母往往会感到抓狂，因为有的时候连父母也无法解答孩子的问题。在这种情况下，父母一定不要对孩子采取敷衍了事的态度，或者是以错误的答案来蒙蔽孩子。父母要知道，这些问题都是孩子好奇心的萌芽，代表着孩子对学习的热情。如果父母对孩子的提问采取敷衍了事或者蒙混过关的态度，给了孩子错误的引导，甚至是让孩子感受到父母对回答问题的冷漠，那么孩子渐渐地就不愿意再提问，这就相当于父母用一盆冷水浇灭了孩子对于学习的热情，所产生的后果是非常严重的。

对于年幼的孩子而言，这个世界是非常新鲜的，他们看到世界上的每一个东西都觉得很有趣，所以各种问题也就接踵而至。随着不断成长，孩子提出的问题也会越来越有分量。孩子会有自己的思考，会透过事物的现象，探究事物的本质。这使得他们的问题也更难以回答。面对孩子的提问，父母固然知道自己要保持耐心，但是日久天长，随着孩子提出的问题千奇百怪，父母的耐心就会消耗殆尽。很多父母甚至一听到孩子问为什么，就会心情烦躁；一想到自己每天除了要努力工作，又要做繁重的家务，还要被孩子问来问去，他们的焦虑感就会越来越强烈，也就无法控制自己，甚至会呵斥孩子。

爱提问是孩子的天性，心怀好奇也是孩子对这个世界最基本的态度。对于孩子的提问，父母应该端正态度：如果知道问题的答案，那么就好好回答孩子；即使不知道问题的答案，也没有必要呵斥孩子。有些父母因为回答不上孩子的问题，会觉得丢了面子，这样的担忧根本没有必要。没有人是无所不能的，即使作为父母，也会有很多不知道不了解的事情。父母不需在孩子面前伪装出一副无所不知的样子，对于自己不知道的问题，应该实话实说，这样反而能够教育孩子，要怀着勤学好问的态度坚持学习。如果父母呵斥孩子，或者批评孩子，那么孩子就会不愿意再提问，对于学习的积极性就会大打折扣。

当因为孩子的一连串问题而感到心情烦躁的时候，父母可以设身处地地为孩子想一想，可以回想自己小时候是否也和孩子一样有着满脑子的问号，也可以想一想自己从父母那里得到答案之后有多么欣喜，以及被父母批评之后感到多么沮丧和失落。孩子之所以爱提问，是因为他们对于很多事情都不明白，想要一探究竟。爱提问的孩子学习力很强，不爱提问的孩子则像是学习上的惰性因子，哪怕心中带着疑问，也不愿意去寻求答案。所以父母要认识到热衷于提问是孩子求知欲旺盛的一个表现，也是孩子学习力的基础。想明白这一点，父母还会厌烦孩子的提问吗？

面对孩子的提问，父母要巧妙地回答。所谓巧妙地回答，指的是要根据孩子不同的年龄特点，以孩子能够理解的语言进行回答。对于自己不知道的问题，父母没有必要假装知道，而是可以坦率地告诉孩子爸爸妈妈也不知道这个问题的答案，从而和孩子一起去寻找问题的答案。在此过程中，还可以教会孩子查阅资料，让孩子掌握自主解决问题的好方法，这不是很好吗？如果孩子提问的时候，我们有着急的事情等待处理，那么也可以让孩子先自行思考，晚些时候再和孩子一起讨论问题。这样就能给自己一定的时间去缓冲，也能够避免因为孩子的提问而扰乱自己的工作，还能够让孩子先独立进行思考，让孩子深入地思考问题，这是非常好的处理方式。

当孩子提出那些稀奇古怪的问题时，父母切勿觉得孩子是在故意捣乱。每一个稀奇古怪的问题，都意味着孩子有了一个新奇的发现。父母对这些问题也许已经见怪不怪了，但是孩子对这些问题却感到很好奇，也很兴奋。总之，当孩子满怀热情地提问时，父母一定要保护孩子提问的积极性，也要对孩子提出的问题表现出浓郁的兴趣，还可以和孩子一起进行讨论。这对于培养孩子独立思考的能力，教会孩子独立解决问题的方法，都是非常有帮助的。

父母的职责绝不仅仅是照顾孩子的吃喝拉撒，满足孩子基本的生理需求，也不仅仅是花钱为孩子报名参加各种各样的课外班和培训班，而是要耐心地陪伴孩子，给孩子营造爱和自由的环境，对待孩子的提问有耐心，也能够以更好的方式帮助孩子答疑解惑。这是父母送给孩子的最好礼物，也是父母陪伴孩子的最好方式。

适度期待，别给孩子太大压力

每一个家庭的父母都对孩子寄予了深切的期望。不同家庭的父母对于孩子有着不同的期望。有的父母期望孩子平安健康，有的父母期望孩子能够有所建树，有的父母期望孩子出人头地。不管父母对孩子怀有怎样的期望，这都是为人父母的正常心理。然而，在现实社会中，很多父母都进入了一个误区，那就是他们对孩子的期望过高，这使孩子承受了巨大的心理压力，甚至会使孩子的心理发生畸形，因而酿成悲剧。

如果孩子不管怎么努力都不可能达到父母的期望，他们就会感受到挫败，既会否认自己的努力，也会觉得自己非常失败，不能让父母感到满意，由此而承受沉重的心理负担。著名家庭教育专家孙云晓提出，父母过高的期望使孩子面临难以承受的压力，尤其是在学习方面，这种压力往往会让孩子感到心力交瘁，甚至陷入焦虑状态之中，也就是人们常说的童年恐慌。和过高的期望相比，如果父母对孩子怀有适度的期望，孩子虽然在目前的情况下还不能实现父母的期望，但是他们很清楚自己只要坚持努力，就会距离实现父母的期望越来越近，最终实现父母的期望。在此过程中，每当发现自己朝着父母的期望又近了一步，孩子就会获得成就感，也会认识到自己的能力，所以他们会有更强大的动力继续前行。显而易见，对于孩子成长而言，这是一种更好的状态。

曾经有一则报道是关于一个钢琴神童的。这个孩子从小就练习弹钢琴，而且他在钢琴方面很有天赋，把钢琴演奏得如同行云流水，扣人心弦。这个孩子还经常去全国各地参加比赛，每次比赛都能够获得奖项。有一次，孩子参加钢琴大赛又获得了大奖，很多记者都闻讯赶来采访他。有一名记者问钢琴神童：“小朋友，你小小年纪，在钢琴上就有这么高的造诣，这次又获得了大奖，你有什么感想吗？在获得大奖之后，你最想做什么事情呢？”孩子沉思片刻，对记者说：“我现在最想做的事情就是把钢琴砸碎。”孩子的回答让在场的所有人都感到愕然，他们不知道孩子在钢琴上有这么高的成就，为何会对钢琴如此恨之入骨呢？

如今，有才艺的孩子越来越多。很多父母都要求孩子坚持学习钢琴，成为钢琴家。的确，如果孩子能够成为像郎朗那样的钢琴家，这不但是孩子的骄傲，也是父母的骄傲。然而，全世界有这么多孩子，全中国有这么多孩子，又有几个孩子能和郎朗一样，在钢琴上造诣颇深，成为举世闻名的钢琴大师呢？不得不说，父母对于孩子的期望太高了，忽略了孩子自身的天赋，只为了达成自己的期望，就逼迫孩子，甚至对孩子揠苗助长。父母虽然为孩子付出了很多，竭尽所能地为孩子创造最好的条件，但是与此同时，也给孩子造成了巨大的压力。

每当看到父母和孩子之间因为教育方式不当而导致悲剧发生的时候，作为父母总是感到非常揪心，也觉得非常委屈。我们对孩子怀有期望，难道有错吗？我们希望孩子将来有更好的人生，有更成功的事业，这不是为了孩子好吗？很多父母都打着爱孩子的旗号去对孩子提出各种苛刻的要求，其实父母不妨想一想，与其要求孩子小小年纪就在各个方面都做得很好，我们为什么不要求自己成为更优秀的父母呢？在要求孩子的过程中，父母总是否定孩子，再对孩子提出更高的要求，那么试想一下：如果孩子总是否定我们，又对我们提出很难实现的要求，我们是否会感受到挫败呢？很多父母与孩子之间的分歧就在于父母只顾着激励孩子成人成才，而从来不关注孩子内心的感受，更没有与孩子进行心灵的沟通。他们从来不知道孩子正在承受着怎样的压力，也忽视了孩子的实际情况，这就使得他们的期望越来越高，而孩子的表现却总是不能让父母满意。这样的矛盾状态，使父母与孩子在期望的这条道路上走向了两个极端，分歧也越来越多。

孩子正处于成长的过程之中，他们的内心是比较脆弱的，他们不会像成人那样对于很多问题都进行理性的权衡。孩子的天性是爱玩，只想得到快乐，这一点父母永远也不要忘记。虽然父母望子成龙，望女成凤，想要培养孩子成才，但是也不要忽略了孩子的天性。只有顺应孩子的天性，对孩子因势利导，对孩子提出适度的期待，孩子才能得到激励，坚持进取。

此外，孩子的成长是一个动态的过程。很多父母在给孩子制定目标之后，就会本着百年方针绝不动摇的原则，坚决不调整目标。实际上，这样的做法是错误的，这不是坚持，而是固执。孩子在成长的过程中一直处于变化之中，父母制定的目标既然需要孩子去实现，就应该跟随孩子的实际情况及时调整。只有更合理的目标，才能促使孩子进步。如果随着孩子的成长，目标变得不可实现，也不合理，那么就会让孩子感到压力很大。从这个意义上来说，父母及时调整目标，也是促使孩子努力进步的一种好方式。总而言之，现代社会生存的压力很大，父母不要把这种压力转嫁到孩子身上。孩子处在童年时期，他们应该拥有无忧无虑的童年，他们即使学习，也应该是心甘情愿地去学，而不应该被逼着去学。要想让孩子在学习上有更好的表现，父母就要给予孩子强大的支持和助力，而不是以压力来压迫孩子。父母们，适度期待，你们能做到吗？当你们对孩子适度期待时，孩子一定会有让你们惊喜的表现。

学会比较，要纵向不要横向

如今，“别人家的孩子”已经成为网络上的一个梗，这是因为父母们最热衷于做的事情就是把自家的孩子与别人家的孩子做比较。还有很多父母会把自家孩子的缺点和不足，与别人家孩子的优势和长处进行比较。对于孩子而言，这真是心理上的沉重打击。当父母口中频繁地说起别人家的孩子时，孩子的内心一定是崩溃的。一开始，孩子也许会羡慕别人家的孩子，但是随着父母说起别人家的孩子的次数越来越多，孩子的心态会渐渐转变，甚至于他们会把别人家的孩子当成自己最大的仇人。

且不说父母是否真的了解别人家的孩子，有没有验证过别人家的孩子是否真的如同他表现出来的那样在学习上轻松自如，就能够取得出类拔萃的成绩，仅仅从自家孩子的角度来说，把自家的孩子与别人家的孩子放在一起比较就是不合理的。

比较有两种方式，一种是横向比较，一种是纵向比较。所谓横向比较，就是把不同人家的孩子放在一起进行比较。例如，班级里有45个孩子，那么把这45个孩子放在一起比较，如果孩子不能在这45个孩子中出类拔萃，那么父母就会感到很失望，也会批评和否定孩子。遗憾的是，按照比例来说，45个孩子之中只有少数孩子是出类拔萃的，难道大多数父母都要因此而陷入崩溃的状态之中吗？当然不能。学习是一个漫长的过程，如果父母总是在这样的横向比较之中对孩子提出苛刻的要求，不但会让孩子感到内心沉重，充满无力感，父母自身也会在这样的比较中信心全无。明智的父母知道，要多多对孩子进行纵向比较，这才是更为合理的比较方式。

父母必须承认，每个孩子在学习方面的天赋是不同的。有些孩子在学习方面特别有天赋，轻轻松松就能够取得优异成绩；有些孩子在学习方面却没有天赋，他们即使特别努力，也不能提高成绩。在这种情况下，父母要看到孩子身上更多的闪光点，要知道孩子在学习以外还有很多特长和优势，从而综合评定孩子。分数从来不是评价孩子的唯一标准，学习表现也不是判断一个孩子是好孩子还是坏孩子的唯一标准。父母要把孩子看成一个活生生的生命，要以立体的眼光去看待孩子，这样对孩子才是更为公平的。

那么，什么是纵向比较呢？所谓纵向比较，就是把孩子的今天与昨天比较。孩子每一天都会有小小的进步，当发现孩子的今天和昨天相比有了进步之后，父母应该及时认可孩子，给予孩子肯定，也多多鼓舞和激励孩子。这样的纵向比较可以以孩子之前的表现为基础，观察孩子是否有进步。对于孩子的成长来说，只要是有进步的，就是可喜可贺的。如果非要把一个考试成绩倒数第一的孩子和一个考试成绩正数第一的孩子进行比较，那么这简直就是自取灭亡的比较方式。当然，这并不是说我们没有信心去比较，也不是说我们故意打击孩子的信心，而是对于客观存在的差距，我们必须采取正确的态度。即使我们希望孩子把考取班级第一作为一个远大目标，也要为孩子制定切实可行的短期目标，例如，让孩子把提升三个到五个名次作为下次考试的目标。当孩子从倒数第一名变成倒数第三名、倒数第七名、倒数第九名，渐渐地追到班级中等水平的时候，对于孩子来说，这样的进步是非常值得祝贺的。在此基础上，当孩子与第一名之间的差距越来越小时，父母也可以帮助孩子，强化孩子的终极目标，让孩子继续努力，再接再厉，这才是合理的比较方式。

对孩子进行横向比较是毫无意义的，还有可能会挫伤孩子的自尊心，使孩子学习缺乏积极性。进行横向比较，就相当于在比较橘子与黄瓜哪个更好吃。它们一个属于水果，一个属于蔬菜，没有办法放在一起比较。孩子也是如此，有的孩子比较擅长理解，有的孩子比较擅长记忆；有的孩子喜欢学习语文，有的孩子喜欢学习数学。每个孩子在学习上的特长都是不同的，所以父母切勿进行这种毫无意义的比较。我们不如把孩子与他自己进行比较，只要孩子能够坚持进步，每天都有成长，那么就意味着孩子是积极学习和进取的，我们就应该认可孩子，也要给予孩子更多的助力。

需要注意的是，不把孩子与其他孩子比较，并不意味着让孩子与世隔绝。对于孩子而言，他们也要看到他人的优点，积极地向他人学习，把他人作为自己的榜样，从而才能够取长补短。榜样的力量是非常重要的，也是很强大的，作为父母不能忽视榜样的力量，而是要站在孩子的立场上，认可孩子已经付出的努力，也让孩子向优秀的人靠拢，从而积极主动地学习。

第七章 生活需要正能量，孩子需要阳光和希望

现代社会很多人都提倡要弘扬正能量，所谓正能量，就是健康乐观积极向上的动力和情感。拥有正能量的孩子更加自信，在生活和学习中充满活力。孩子的成长是一个慢慢积累的过程，有内在的节奏。父母即使很着急，也无法让孩子在一夜之间长大。父母应该尊重孩子成长的节奏，让孩子充满正能量，给予孩子阳光和希望，让孩子的内心渐渐强大起来，这样孩子才能从优秀到卓越，让自己的人生充实而又精彩。

爱和自由，是父母给孩子的最好礼物

很多父母都迫不及待地想把自己认为最好的给孩子，那么对于孩子来说，到底什么才是最好的呢？父母误以为孩子要好好学习，将来考上好大学，有一份好工作，才能拥有幸福美满的人生。如果孩子并不以此作为快乐，他们希望得到更多的自由，那么父母就应该对孩子放手，让孩子享受成长中的自由与快乐。很多父母都打着爱的旗号，以爱为名义，把很多自己认为好的东西强加给孩子，实际上这对孩子而言既是一种沉重的负担，也是一种束缚。明智的父母会把爱和自由作为最好的礼物送给孩子，让孩子在成长的过程中发自内心地感到快乐和满足。

每一个生命都是世界上平凡的存在，在这个世界里度过日常的每一天。对于普通人而言，能够围绕在父母身边，与老师、朋友、同学相处，感受着各种温暖的感情，这就是一种幸福。人生是短暂的，时间如同白驹过隙，如果只是追求那些虚无的东西，就会错过人生路上很多美丽的风景，也会忽视生命中很多重要的人，这是人生莫大的遗憾。

对于每个人来说，亲情都是最重要的。新生命从诞生的那一刻起，就已经有了心情。小小的胚胎在母亲的子宫里慢慢成长，每一刻都沐浴着父母对他深情的爱。父母的爱、手足的爱、亲人与朋友的关怀，都是我们人生之树的根。它们深深地扎在土壤之中，为我们吸取养料，我们才能够成长为参天大树。对孩子而言，世界上最幸福的事情就是爸爸妈妈彼此相爱，能够给他一个幸福温暖的家。在家庭生活中，如果爸爸妈妈的关系不和睦，经常发生争吵，甚至导致家庭支离破碎，那么对孩子来说就是很不幸的一件事情。在给孩子幸福美满的家庭之后，父母还应该掌握爱孩子的方式，尊重孩子的意愿，也给孩子选择的自由，这样会让孩子成长得更快乐。

有些父母总觉得孩子还小，对于很多事情都没有能力处理，对于很多局面也都不能够做出理性的抉择，因此他们会要求孩子必须听从父母的决定。甚至在孩子已经有了自主的意识，想要独立做出决定的时候，父母也会强求孩子必须听从他们的安排，这会让孩子束手束脚，失去独立性，也会让孩子与父母之间发生各种各样的矛盾和冲突。虽然父母爱孩子的心是可以理解的，但是对父母而言，即使再爱孩子，也不可能永远陪伴在孩子身边。孩子总会离开父母，渐渐长大。父母应该尽早培养孩子的独立能力，让孩子能够面对自己的人生，这才是最重要的。

世界上最浓的亲情就是父母与孩子之间的亲情，这样的亲情是血浓于水的，不管是父母还是孩子，都应该珍惜这份亲情。父母与孩子之间的缘分也是最深厚的缘分，父母给了孩子生命，辛辛苦苦地抚育孩子成长，孩子长大之后要陪伴父母慢慢变老，这才是人世间最美好的生活。

很多父母觉得孩子因为自己才来到这个世界上，又要接受自己的照顾才能生存下来，所以他们在无形之中就会把孩子当成自己的附属品，也会把孩子当成自己的私有物品。明明孩子已经长大了，父母的心态却还停留在孩子幼小的阶段。在幼年时期，孩子对父母言听计从，不管做什么事情都需要依靠父母的帮助和支持。然而，随着渐渐成长，他们的能力越来越强，他们的自我意识也逐渐增强。在这种情况下，父母如果不能与时俱进地和孩子一起成长，而还像孩子小时候那样对待孩子，那么亲子关系就会剑拔弩张。一方面是孩子试图挣脱父母的束缚，飞到自己广阔的人生天地之中；另一方面是父母不愿意对孩子放手，希望永远把孩子束缚在自己的身边。这样一来，父母和孩子之间就产生了爱的矛盾。

现代社会有一种怪象，那就是有的孩子都会啃老。他们即使长大成人，有独立生活和工作的能力，也不愿意离开父母身边，而是继续心安理得地接受父母的照顾，使父母为此怨声载道。那么，这种现象到底是如何形成的呢？这与父母从孩子小时候就给予其无微不至的爱和照顾是密切相关的。人都是有惰性的，每个人都趋利避害，都更贪图安逸和享受。如果父母不能够及时对孩子放手、让孩子自由成长，接受各种历练和磨炼，那么孩子就会成为父母的一根藤，攀附在父母的身上。当有一天，父母渐渐老去，他们需要孩子来照顾自己的时候，孩子却依然需要从父母的身上汲取营养，这当然是父母所无法接受的。父母要有远见卓识，对孩子从小就培养自理能力，也要让孩子拥有强大的内心。这样当父母终有一天老去的时候，孩子才能成为苍天大树，为父母遮风挡雨。

教会孩子自我保护，安全成长

坏人的脑门儿上从来不会写字，对孩子而言，他们的心智发育还不够成熟，也缺乏自我保护的能力，所以当孩子独自行动的时候，父母往往最担心孩子的安全问题。但是，如果因此就把孩子束缚在自己的身边，让孩子只能在自己的视线范围内活动，对于年幼的孩子来说尚且可行，对于渐渐长大的孩子来说，他们就会感到非常不满。此外，这么做还会限制和禁锢孩子的发展。

在人的生命历程中，每个人都有可能遭遇意外，有的意外是意外之惊喜，有的意外却是意外之伤害。大多数意外都会让人感到措手不及。在面对意外伤害的时候，孩子原本就能力有限，如何才能保护好自己呢？其实，父母不要小瞧孩子的能力，只要父母对孩子加以启迪，也为孩子灌输安全的意识，那么相信孩子在很多情况下都能够保持警惕，从而保护好自己，让自己平安地长大。

很多父母都忽略了对孩子进行安全教育，这是因为孩子从小就在父母的身边长大，一直在父母的视线范围内活动。这使父母误认为只要守在孩子的身边，孩子就不会受到伤害。然而，在父母的守护之中，孩子一天天成长，在父母还没有知觉的情况下，孩子就已经长大了。他们不再满足于在父母身边或者在父母的视线范围内活动，他们希望进入到更广阔的天地里，看到更多新鲜有趣的事情。面对孩子的成长，父母一味束缚孩子显然是行不通的，最明智的方法是教会孩子自我保护。如果父母从来不教孩子如何保护自己，那么孩子即使长大成人，也依然会在面对危险的时候手足无措，甚至有可能因为缺乏警惕而导致危害自己的生命安全。

前些年有一个护士学院的女孩放学之后，来到学校外面的水果摊买水果的时候，偶遇了一个孕妇。这个孕妇肚子很大，看起来身体非常笨重。她买了一些水果，就问这个女孩："小妹妹，你可以帮我把水果送回家吗？"听到孕妇提出这样的请求，女孩当即很高兴地答应了。她帮助孕妇拎着水果，一直把孕妇送到所居住的小区里。

正当女孩要告辞时，孕妇请求女孩帮她把水果拎到楼上。女孩又毫不迟疑地答应了。女孩拎着水果，把孕妇送到家门口。孕妇热情地邀请女孩去她家里坐一坐。女孩极其缺乏安全意识，接受了孕妇的邀请，进入孕妇的家里。她万万没有想到自己如花绽放的生命在此刻就要受到伤害，甚至戛然而止。原来，这个孕妇刻意引诱女孩进入她的家里。孕妇的老公强暴了女孩，并且把女孩残忍地杀死了。这样一个美丽的女孩，因为善良地帮助孕妇，反而丢了性命。虽然孕妇的歹毒用心令人发指，但是女孩缺乏安全保护意识也是这起恶性事件发生的根本原因之一。

在这个世界上，我们不能要求所有人都心地善良，但是我们却可以提升自己的安全意识，保护好自己。作为父母，应该从孩子小时候就培养他的安全意识，让孩子对陌生人保持警惕，也要告诉孩子一些安全方面的细节，例如，不要和陌生人接近；不要和其他人进入封闭的空间里；如果遇到危险，应该往人多的地方跑。知道了这些安全常识，孩子在遇到意外的时候，至少知道自己应该怎么做。

在家庭生活中，父母除了要教会孩子自我保护的各种方法，还可以与孩子进行一些实际的演练。例如，和孩子模拟一些意外发生的情景，让孩子学会应对。相信在理论与实际相结合的过程中，孩子应对意外的能力会越来越强。

不管发生怎样的意外，孩子首先要保持冷静。如果孩子特别慌乱，那么明明能够想出很多好办法，也会头脑中一片空白，只能被动地接受意外的发生，承受意外的后果。在保持冷静的前提下，孩子还应该对陌生人保持警惕。现代社会中，有些人心理扭曲或者变态了。我们无从知道自己所面对的人是否心理健康，也有可能他们会因为一些意外的刺激而做出过激的举动。为了保证孩子的安全，防患于未然是非常有必要的。很多事情一旦发生，就会造成很严重的后果。如果能够最大限度地避免意外的发生，就可以更为稳妥地保护孩子的安全。例如，父母要告诉孩子走大道，而不要走小路，尤其是不要走那些偏僻的小路；在独自行走的时候，应该尽量朝着人多的地方走；在进入一个陌生的场所时，应该注意观察周围的环境，知道紧急的逃生通道等。这样即使发生火灾等，孩子可能也能够以最快的速度逃离现场。总而言之，生命安全重于一切。在成长过程中，孩子会面临各种各样的危险。其实不仅仅是孩子，成人也可能会遭遇各种危险。那么，不管是孩子还是成人，都要学会自我保护，才能够保障自身的安全。

不经历无以成经验，时光是最好的沉淀

生命是一场未知的旅行。关于生命的长度，我们是无法控制的，但是我们却可以控制生命的宽度。很多人都知道计算长方形面积的方法就是用长度乘以宽度，如果我们想让生命变得更有意义，让生命的面积更大，在长度无法控制的情况下，就要增加宽度，这样生命才会变得更充实、更精彩。

人的一生会有各种各样的经历。有些经历是我们主动经历的，也有一些经历是我们被动经历的。在这些经历中，既有顺境，也有逆境，既有成功，也有失败，充斥着人生的喜怒哀乐，让人感受到生活的百般滋味。如果把人生比作一本书，那么每一次经历都是这本书里的一个篇章，也或者是这本书里一个小小的故事。我们既可以把这些内容展示给他人看，也可以在自己闲来无事的时候去回忆。相信在回忆过往的经历时，我们一定会感慨万千，甚至还会从这些经历中得到启迪呢！

很多孩子对于自己现有的生活感到不满意，他们觉得每天都辛苦地学习，生活非常枯燥，他们觉得自己不能随心所欲地做想做的事情，生活没有乐趣。实际上，这是孩子对人生的误解。人生中从来没有任何一段经历是毫无意义的，这些经历在时光的沉淀下都会成为人生宝贵的财富。有一些经历在现在看来是非常痛苦的，甚至在经历的过程中感觉非常难熬，但是随着时光流逝，我们再回过头来看看这段经历，就会感谢这段经历带给我们的成长。

古往今来，那些伟人的生命之所以厚重，就是因为他们有着丰富的经历。人生不应该是一张单薄的白纸，而应该是立体生动的雕塑。这些经历就像时光的刻刀，在无声地雕刻着生命中的每一天，让我们的人生变得更加立体生动。很多人身残志坚，例如美国的海伦·凯勒，她小小年纪就因为患上猩红热而失去了视力和听力，但是她并没有因此而放弃自己，而是努力学习，完成了学业，还创作了很多优秀的作品。在中国，张海迪高位截瘫，对于一个花季少女来说，这显然是致命的打击，但是她始终刻苦学习，最终成为作家，写出了很多励志的作品。美国前总统林肯在成为总统之前，经历也非常坎坷，他经受了很多次失败，还失去了未婚妻，曾经一蹶不振，却很快从厄运的打击中站起来，继续努力，最终成为美国总统，既改写了自己的人生，也改写了美国的历史。

经历并不分好坏，但可以分为顺境和逆境，这是因为对于人生而言，每一段经历都是必不可少的。孩子也许能力有限，所掌握的知识也不多，但是如果能够在成长过程中经历更多的事情，他们就会从幼稚变得成熟，从冲动变得稳重，从而获得更多的机会感受人生，创造人生。不管是成功的经历还是失败的经历，都会在我们的人生轨迹上成为独特的存在。等到时光流逝，我们再回头去看的时候，不但会感慨自己在当时的坚持，而且会感慨自己原来曾经那么勇敢坚韧。经历是人生宝贵的财富，我们可以实时回顾这些经历，从中得到无穷无尽的力量，让人生更加丰满动人。正如普希金在一首诗里所写的:“假如生活欺骗了你，不要悲伤，不要心急，忧郁的日子里需要镇静，相信快乐的日子将会来临……”的确如此，所有的事情不管是快乐的还是痛苦的，都会成为过往，而我们会把感受永远铭刻在心。

孩子在成长的过程中正在经历很多事情，在此期间，父母可以根据自己的经验给孩子以指导，却不要代替孩子做出选择。没有人可以代替孩子成长，孩子必须亲身经历成长，才能让人生从单薄到厚重。在孩子成长的过程中，父母要摆正心态，要相信时光是最好的沉淀，要相信孩子在经历的过程中会积累更丰富的人生经验，从而变得更加优秀。

从成长中吸收正能量

现代社会，很多人经常怨天尤人，他们觉得自己工作非常辛苦，生活却又很不容易。尤其是在大城市中生活的很多人，他们每天都疲于奔波，觉得自己与幸运没有丝毫关系，仿佛已经被霉运紧紧地包裹住了。这使他们每天都疲惫沮丧，不愿意学习，不愿意工作，不愿意做任何事情。他们为何如此消极低沉呢？这是因为负能量附着在人的内心，主宰了人的心灵，使人的心灵中充满了各种各样的坏情绪。哪怕是在阳光灿烂的世界里，他们也会觉得整个世界都是灰色的。很多人还会觉得自己陷入了人生的黑洞，不管怎么挣扎，都不能摆脱黑洞的吸引力。在这样的情况下，应该及时调整心态，赶走内心的负能量，让自己的内心充满正能量，这样才能调整好状态，以更加积极的态度面对人生。

人的心就像是一个容器，如果已经被负能量占满了，那么就没有空间去容纳正能量。在这样的情况下，必须赶走负能量，或者是让自己内心充满正能量，负能量才会无处存身。生活从来不是一帆风顺的，每一个人在生命的历程中都会遭遇各种坎坷挫折，也会遭遇很多不如意，如果总是爱抱怨，那么只会让自己变得越来越颓废、沮丧。生活越不如意，我们越是应该以积极的心态面对。很多事情都要以辩证唯物主义的观点一分为二地看待：如果从这个角度来看，是会给我们带来负面影响的，那么就换一个角度，从正面的作用去看。如果我们总是以消极的态度去看待这个世界，那么我们的心中就会失去希望，我们的眼中就不会再有光芒。

除了要以积极的态度看待人生中的各种事情，我们还要有选择性地与充满正能量的人交往。在现实生活中，正能量的人会给我们带来积极乐观向上的精神和力量，而那些充满负能量的人则总是当着我们的面怨天尤人，会影响我们的心态，使我们感到紧张焦虑，也会让我们对原本还比较满意的生活感到不满，还会让我们觉得人生暗无天日。如果我们不能以正能量去感染他们，那么我们就要远离这些负能量源，从而避免自己产生被吸取、压榨和剥削的感觉。

与此同时，我们自己也要充满正能量，这样才能受到他人的欢迎。如果我们充满了正能量，就会以强大的正能量感染身边的人。即使身边有负能量的人，我们也会以强大的正能量感染他们，使他们调整好心态，变得更加积极乐观。反之，如果我们充满了负能量，就像是一个行走的黑洞，那么很多朋友就会与我们疏远，我们的人际关系也会变得很糟糕。

从个人到社会再到整个国家，都应该具备正能量。所谓“正能量”，原本是物理专业的用词，意思是说真空的能量为零，那么当物质的能量大于真空的物质能量时，这种物质的能量就是正的；当物质的能量小于真空的物质能量时，这种能量就是负的。如今正能量已经成为社会上广泛使用的词语，指那些能够让人积极向上的力量，也指能够给人希望的、各种各样的精神动力，还指能够使人开展行动的驱动力。正是因为正能量的力量这么强大，正能量在社会上才会如此广受欢迎。

父母不要只注重孩子的成绩，而是要更注重孩子的成长。在孩子成长的过程中，尤其是要注重帮助孩子形成良好的心态，这样孩子才能吸收正能量。举个简单的例子来说，如果父母只关心孩子的学习成绩，而从来不关心孩子的内心，那么当孩子在学习和生活中遭遇困境的时候，他们就不愿意对父母倾诉，也会因此而非常苦恼。不可否认的是，孩子因为缺乏人生经验，对于很多问题的理解和认知都是相对肤浅的，在面临很多选择的时候，他们也未必能够理性地做出判断和选择。在这种情况下，如果父母能够给他们以指导或者是参考意见，他们说不定就能够考虑得更加全面，也能把很多事情处理得更好。

当然，培养孩子的正能量，让孩子成为积极乐观的人，并不是一件很容易做到的事情。在家庭生活中，父母尤其要看重对孩子的言传身教。父母首先要成为一个充满正能量的人，才能够对孩子起到积极的影响。也许有些父母会说，自己每天工作都很疲惫，回到家里已经精疲力尽了，如何能够给孩子正能量呢？其实，所谓的正能量并不是那么虚无的，而是实实在在的。例如，父母在面对孩子的时候要多多微笑；在遇到问题需要解决的时候，不要表现得消极悲观，而是要积极乐观地面对；在人际交往的过程中，要积极地与人交往，要能够为他人着想；面对工作上的很多难题时，要想方设法地解决；在遇到不如意的时候，不要总是怨天尤人，其实抱怨只是能够帮助我们暂时发泄负面情绪，却会像乌云一样遮蔽在人生的天空之中；对于那些暂时不能够改变的事情，没有必要揪着不放，而是可以暂时放下，因为时间最终会给出我们最好的答案。父母如果能够做到这些，那么，就能在家庭生活中向孩子传递积极向上的力量，也会在潜移默化中影响孩子，让孩子同样充满了正能量。

拥有幸福的能力，迎接幸福的到来

在家庭生活中，父母经常对孩子说的一句话就是，现在不辛苦，将来就会非常辛苦；只有现在辛苦一些，努力学习，将来才能有更好的前途。对父母而言，他们最大的心愿就是希望孩子一生都能幸福。其实，幸福是一个很宽泛的概念，对于幸福，每个人的理解都是不同的。从本质上来说，幸福是人对于人生的一种感受。有的人认为自己最大的人生目标是获得成功，那么当获得成功的时候，他们就会感到幸福；有的人认为和家人平平安安地相守，岁月静好就是幸福，那么他们就会心甘情愿地过这种淡然的日子；有的人认为赚很多钱才能拥有幸福，那么他们就会把追求金钱作为人生的目标。

对于孩子来说，他们目前的首要任务是成长，而成长中非常重要的一项内容就是学习。所以父母对于孩子在学习上的期望是很高的，也会特别看重孩子的学习成绩。在父母这种心态的影响下，孩子就会把自己的学习与幸福关联起来。例如，很多孩子因为受到父母的影响，把成绩看得非常重要：每当考试取得了好成绩，他们就会开心；每当考试不顺利，成绩不理想，他们就会沮丧。考试成绩似乎成了孩子和父母的表情晴雨表，幸福与成绩之间画上了等号。而实际上，真正的幸福涵盖了更多的内容，绝不是以成绩的高低为唯一标准的。

很多人都觉得“幸福”这个词太宽泛，既看不见也摸不着，而且很难下定义。古今中外，很多人都针对幸福进行了讨论，但是却没有达成统一的共识。如果现在我们问孩子们“什么是幸福”，孩子们也许无法及时给出答案，或者会给出形形色色的回答。这是因为幸福本来就是每个人的理解，正如人们常说的那样，一千个人眼中就有一千个哈姆雷特，那么我们要说，一万个人眼中就有一万种幸福。幸福是一种很特别的体验，每个人都只能感受到属于自己的幸福。正是因为如此，才决定了幸福的特点，那就是，幸福是独特的，是每个人的私有感受。

既然幸福是如此主观的感受，那么父母就要培养孩子拥有幸福的能力，也让孩子能够迎接幸福的到来。要想做到这一点，父母首先要把幸福与成绩之间的等号清除掉，换成不等号。这是因为幸福与成绩所涵盖的范围有着天壤之别。成绩只是衡量幸福的一个小小指标。高考期间，网络上流行的一篇文章里问及：如果孩子考试成绩不好，妈妈应该如何回答？其中的一个回答是非常好的，大概意思是：考试只是人生的一个点，而人生却是一条长长的线。这告诉我们，高考只是人生中一个重要的时刻，却不是人生中唯一重要的时刻。当孩子能够摆正心态面对高考，父母也能坦然接受孩子高考的成绩时，家庭就会获得更多的幸福。

对于幸福的理解会影响人们对幸福的感受，此外，每个人对于幸福的感受能力是否敏感，也会决定人们对幸福的体验。有的人非常敏感，能够体验到幸福，也有的人非常迟钝，即使身在福中也不知福。正如曾经有一位名人所说的，这个世界上并不缺少美，缺少的只是发现美的眼睛，那么对于那些身在福中不知福的人来说，我们可以把这句话变一种表达方式，即这个世界上并不缺少幸福，缺少的只是能够感受幸福的心灵。

对幸福感受能力强的人在生活中很容易感到满足，他们常常微笑着面对自己和他人；对幸福感受能力弱的人，即使在生活中获得了很多快乐，也往往会感到不知足。从这个意义上来说，幸福其实与人的欲望是有关系的，所谓知足常乐。一个人如果很知足，那么他就会觉得幸福；一个人如果总是不知满足，就会陷入欲望的深渊，感到痛苦。

有人曾经说过，每个孩子从小就在学习各种各样的知识和能力，但是却唯独忽视了学习感受和获得幸福的能力。一个人如果不具备感受幸福的能力，就会对人生有诸多不满，也会在不停的抱怨中让生命渐渐消逝。父母一定要注重培养孩子感受幸福的能力，这样孩子才能拥有更多的幸福。

有人认为幸福是与成功、富贵、金钱、物质等密切相关的，其实幸福与这些都没有必然关系。一个亿万富豪赚取更多的钱并不一定感到幸福，而一个乞丐在寒冷的冬日里得到一碗热粥，就会觉得非常幸福。由此可见，幸福与物质无关，而只是人对于当下的每一刻所产生的感受。在日常生活中，父母不要为了督促孩子实现远大的目标，就忽略了和孩子一起感受当下的幸福。每天早晨妈妈做的美味早餐，孩子在吃的时候是否感到幸福呢？每天晚上孩子放学回到家里之后，看到家里亮起温暖的灯光，和爸爸妈妈其乐融融地享受晚餐，这同样也是一种幸福。幸福就是岁月安好，幸福就是能够安安稳稳地睡一个自然醒的美容觉，幸福也是和三五个好友在一起喝茶聊天，或者吃一顿热辣的火锅。幸福是生活中非常琐碎的存在，所以有人把幸福形容成一个个带着彩色光的泡泡，它会在我们的生活空间里四处飘飞，需要我们敏感地去发现和捕捉它们。为了提升孩子感受幸福的能力，父母可以让孩子写下每天之中感到幸福的五件小事，只要坚持这么去做，孩子就会从被父母要求去感受幸福，而渐渐地具备感受幸福的能力，养成感受幸福的习惯，即使在一些小事之中，也能感受到幸福。

其实，幸福一直充实着我们的生活，只是因为我们每天行色匆匆，没有停下来去观察，所以才会把幸福像水和空气一样给忽视了。当我们用心地捕捉幸福，我们就会发现幸福在生活中无处不在，我们也会对生活充满了感恩。父母可以和孩子一起记下生活中那些幸福的时刻，这样才能够和孩子一起感受幸福，也和孩子一起提升拥有幸福的能力。

过滤垃圾信息，远离“垃圾人”

互联网的普及使我们的生活变得更加便利，但是与此同时也带来了很多负面的影响。很多父母看到孩子在网络上浏览不良信息，感到非常担忧，生怕孩子被网络教坏了。那么，作为父母，在孩子面对铺天盖地的网络信息时，应该如何做才能帮助孩子过滤垃圾信息呢？

父母的担忧并不是毫无根据的。一些青少年因为受网络上不良信息的诱导，做出了犯罪行为；一些青少年因为沉迷于网络游戏而无心上学，他们逃课，甚至辍学，小小年纪就离开学校，进入混乱的社会生活；也有一些青少年因为沉迷于网络，导致感情变得非常冷漠，还有暴力倾向，关闭了心扉，不愿意与现实生活中的人交往。除了这些负面影响，网络还诱发了一些恶性事件。例如，有一些孩子与网友见面，结果被网友勒索，甚至是被绑架和伤害。有一些孩子因为没有钱去网吧玩游戏，就会做出伤害父母的事情，甚至还会杀害父母或者是长辈。不得不说，这些事件让所有父母都忧心忡忡：如何才能让孩子在这些鱼龙混杂的信息之中形成辨识能力，不被负面信息所误导呢？

孩子们正处于身心发展的特殊阶段，他们的思想并不成熟，但是他们对于信息的接收能力却很强。他们渴望见识更精彩的世界，但是他们却不能够在这些良莠不齐的信息中辨识出哪些信息是好的，哪些信息是坏的。此外，孩子们还特别好奇，模仿能力也很强，所以他们更容易受到负面信息的影响。

随着社会的发展、科技的进步，如今越来越多的家庭里既有电视，也有电脑，还有智能手机。孩子想要通过网络来浏览信息是非常容易的。面对网络上各种各样的信息，很多成年人都无法控制自己，每天都会花大量时间浏览网络新闻，更何况是缺乏自制力的孩子呢？然而，孩子最应该做的事情是在学校里接受系统的教育，是学习那些对人生有益的知识，明白很多深刻的道理，而不是被这些不良信息所冲击。在网络时代里，父母一定要加强对孩子的监控，也要避免孩子受到不良信息的影响。

人人都说网络是一把双刃剑，既给生活带来了便利，也使人们失去了很多宝贵的东西。只从最小的方面来说，很多人原本在回到家里之后可以与家人进行沟通，却因为沉迷于网络而导致与家人之间的关系疏远。当人与现实生活中的人关系渐渐疏远，而只沉迷于虚幻的网络世界时，产生的恶劣影响可想而知。

不管是使用智能手机，还是使用电脑上网，都是没有错误的。最重要的是要让这些网络工具发挥积极正向的作用。如今，很多网站都可以过滤信息。此外，父母在孩子使用网络的过程中，也应该尽到监管的责任。这些信息就像是一座茂密的原始森林，孩子在这些信息里行走的时候很容易就会失去方向，迷失在其间。除了要采取科学技术手段来帮助孩子过滤那些不良信息，父母还要帮助孩子提升认知能力，让孩子能够正确地利用网络，而不是成为网络的奴隶。

在家庭生活中，父母也可以给孩子做好榜样。如果父母总是当着孩子的面浏览那些毫无营养的不良信息，那么就会给孩子造成负面影响，也会使孩子无心学习。还有一些孩子养成了去网吧的坏习惯，他们会去网吧里打游戏，或者是浏览网页。其实网吧对于青少年来说是一个比较危险的地方，在网吧里有社会上的各色人等，使孩子有更多的机会接触那些“垃圾人”，受到不良影响。那么，如果能够让孩子留在家里，在父母的监管下使用网络，显然比让孩子去网吧更好。

如今，网络上还有各种各样的骗子。父母要提升孩子的安全意识，让孩子不要在网络上输入个人信息，如家庭地址、学校名称、父母电话等，尤其是要坚决禁止孩子和网友见面。这样才能全方位地保证孩子的安全。总而言之，安全问题大于一切。如果孩子因为受到不良信息和“垃圾人”的影响而危害自身的安全，那么对于孩子的成长就是非常糟糕的。父母对于网络安全一定要警钟长鸣，这样才能时刻保持警惕，有效保护孩子。

第八章
好父母成就好孩子，孩子的全面发展比什么都重要

生活从来不是昙花一现，只绽放片刻便马上凋谢。生活是一本厚厚的书，就像百科全书一样，需要孩子一页一页认真仔细地看，并且要对书上的各种内容做出解答，才算把这本书读透了。但是，如果孩子没有深厚的知识基础，没有足够的经验作为生活的根基，如果不曾全面发展，那么孩子就无法读透生活这本书。人生是漫长的旅程，在生命的旅程中有可能发生各种各样的情况。如果想让孩子游刃有余地面对这些人生中必然经历的事情，那么父母就要培养孩子全面发展，对于孩子来说，这才是真正的成长。

陪伴，是父母最长情的告白

在孩子成长的过程中，父母的爱是不可替代的。如果父母缺席孩子的成长，使孩子在成长过程中没有得到父母的爱，那么这样的缺憾是无法弥补的。很多父母都忙于工作，或者把孩子送回老家交给老人带，或者虽然和孩子生活在一起，但是每天早出晚归，和孩子互动的时间非常少。在这样的过程中，父母也许赚取了更多的金钱，为孩子提供了更好的物质条件，但是实际上却没有给孩子最充足的成长养料。

在社会生活中，每个人都扮演着自己的角色。父母在社会生活中的角色也许是公司里的上司，或者是下属，或者是普通职员。那么在家庭生活中，父母就应该放下其他的社会角色，专心致志地当好孩子的父母。在传统的观念中，人们认为母亲应该更多地肩负起抚养和教育孩子的责任，并且认为这是母亲的天职。的确如此，在怀胎十月的过程中，母亲更多地感受到生命的激动，也对小生命的降生充满了期待和憧憬。然而在孩子成长的过程中，父亲也是不可缺席的，如果父亲缺席孩子成长，孩子的人生就会缺钙。缺钙将会影响孩子的一生，还会决定孩子在人生中的很多表现。

一直以来，很多人都在强调母亲在教育孩子过程中起到不可替代的重要作用。现代社会，也有越来越多的人关注到父亲对孩子精神的影响。和母亲的温柔相比，父亲的刚强对孩子的成长同样是必不可少的。西方有很多心理学家对罪犯心理进行研究，发现那些罪犯之所以会犯下扭曲变态的罪行，是因为他们从小缺乏父母的爱，或者是受到了父母不正确的对待所导致的。这些充分证明了孩子在童年时期心理和感情上的扭曲，将会影响他们的一生。

遗憾的是，很多年轻的父母认为孩子在五岁之前还不懂事，不管在哪里生活都没有关系，而且在老人身边会得到更好的照顾，老人会把孩子的吃喝拉撒照顾得更好，这样的理解是非常片面的。如果把孩子看成是动物，那么孩子的确只需要满足吃喝拉撒的基本生理需求，但是孩子是一个活生生的人，他们有血有肉有感情，他们对父母的爱充满了渴望，所以父母一定要满足孩子在感情上的需求。钱是永远挣不完的，工作也是永远做不完的，在孩子小的时候，父母一定不要忽略了对孩子的陪伴。如果父母能够亲力亲为地抚养孩子，那么孩子在成长过程中就会得到更多有效的帮助，也会与父母之间建立更为深厚的感情。

浩浩是一个留守儿童，从幼儿时期开始，他就和爷爷奶奶一起生活。转眼之间，他已经上到初中了。在小学阶段，他并不觉得自己和爷爷奶奶生活有什么不好，只是偶尔会想念爸爸妈妈。但是在进入初中之后，他的心态明显发生了改变。看到身边的同学们都和父母在一起生活，每天放学之后都有父母来接他们回家，而自己却形单影只，浩浩的心里很不平衡。

有一次，浩浩和同学之间发生了矛盾，他给远在外地打工的妈妈打电话，哭着问妈妈："妈妈，你为什么不回家，为什么不和我在一起？"妈妈说："我回家之后，谁来赚钱养活你们呢？爸爸一个人赚的钱太少了。"浩浩伤心地说："钱是永远也挣不完的，难道你就永远也不回家了吗？"听到浩浩的话，妈妈心如刀绞。在经过一番思考之后，她做出了一个艰难的选择，决定留下爸爸继续在工厂里做工挣钱，而她则回到家里陪在浩浩身边。自从妈妈回到身边之后，原本感情冷漠的浩浩就像变了一个人，他的脸上绽放出笑容，他对人的言辞也不再那么苛刻了。看到妈妈的到来给浩浩带来了这么大的改变，老师都感到很惊奇呢！

农村里有很多留守儿童，这是因为农村里并没有挣钱的路子，所以很多年轻的父母把孩子留在家里交给老人照顾，自己则外出打工挣钱。对于孩子来说，虽然他们的物质生活得到了保障，但是他们的精神世界却是一片贫瘠的荒原。孩子小的时候，也许他们并不会意识到父母不在家对他们的影响，但是随着渐渐长大，他们的感情会变得越来越冷漠，也会因为父母不在身边而产生心理失衡，这对孩子的成长都是极其不利的。

陪伴是父母最长情的告白。对于孩子而言，即使有再多的钱，也不能代替父母在他们成长中的作用。有一些父母因为平时不能在孩子身边，所以会给孩子买很多昂贵的玩具，会满足孩子在金钱方面的很多需求。殊不知，这只会纵容孩子对金钱索求无度，也会使孩子感情冷漠。与其用金钱和物质来弥补孩子，还不如暂时放下工作，抽出几天时间好好陪伴孩子，这才是孩子更需要的。

得到父母爱的滋养，孩子的成长才会更加茁壮，孩子的心灵才会更加充实，孩子的感情才会更加温暖。要想把孩子培养成一个身心健康的人，让孩子拥有强大的内心，父母就要从现在开始多多陪伴在孩子身边，给孩子最好的照顾，满足孩子在生理、心理上的需求。

有效沟通是家庭教育的桥梁

不管父母采取怎样的形式对孩子展开家庭教育，有效沟通都是家庭教育的桥梁。只有在确保有效沟通的前提之下，父母才能对孩子正确施教，也才能起到良好的教育效果。遗憾的是，现实生活中，虽然有很多父母都对孩子怀有殷切的希望，都希望孩子能够成人成才，但是他们却并没有意识到有效沟通在家庭教育中的重要作用。

很多从事教育工作的人都会发现，那些家庭幸福和睦的孩子往往非常优秀，这是因为他们在成长的过程中不管遇到什么问题，都可以坦诚地与父母沟通，也能够从父母那里得到良好的指导或者是参考的意见。相比之下，那些学习成绩不好、学习表现糟糕的孩子，或者是心理有问题的孩子，在家庭生活中都是非常压抑的，他们不能与父母进行有效的沟通，甚至父母还会粗暴地对待他们，动辄误解他们或者是打骂他们。这使得很多青少年的逆反心理越来越严重，这与亲子之间的沟通状态是密切相关的。

很多父母都会发现，在幼儿园阶段，孩子是不折不扣的“小话痨”，他们只要出了幼儿园大门，就会主动地把在幼儿园里一天发生的所有事情都告诉父母。他们的讲述事无巨细，有的时候父母甚至都听得有些厌烦了，他们还在兴致勃勃地说呢。就在父母抱怨孩子是个话痨的时候，不知不觉间孩子长大了。在进入青春期之后，孩子渐渐地关闭了心扉，不愿意继续与父母沟通。在这个期间，如果父母能够理解孩子，尊重孩子，那么孩子还是愿意和父母诉说心中一些烦恼和忧愁的。但是，如果父母总是压制孩子，并不理解孩子的所思所想，那么孩子就会与父母疏远。

对于孩子在青春期面对的很多困惑，父母往往会很担忧，但是他们却并没有找到正确的方法来消除这种担忧。大多数父母都不理解青春期的孩子，当孩子有各种想法的时候，他们会对孩子进行否定，或者给孩子以打击。在此过程中，孩子觉得自己不能得到父母的尊重，也就不再信任父母了。要想与青春期的孩子建立有效的沟通，要想让家庭教育得以顺利开展，父母就一定要与孩子保持顺畅沟通。

很多父母与青春期的孩子关系紧张，甚至完全不了解自己的孩子，更不知道在进入青春期之后，孩子为什么会有如此巨大的改变。这是因为父母没有跟随孩子成长的脚步，孩子已经长大了，父母却还像孩子小时候那样，想让孩子对自己言听计从，这当然是不可能的。进入青春期之后，孩子的自我意识越来越强，他们有了主见，在面对很多选择的时候，也想根据自己的心意去做出选择。在这种情况下，父母要尊重孩子，也要平等对待孩子。具体来说，父母如何与孩子保持有效沟通呢？必须做到以下几点。

首先，父母要善于倾听。很多人误以为沟通就是要滔滔不绝地说，其实这是对于沟通的误解。真正的沟通是从倾听开始的。对于青春期的孩子而言，父母无须急于给出孩子参考的意见，或者试图指挥和命令孩子，而只需要奉献出自己的耳朵，用心地倾听孩子，知道孩子的所思所想所感，也设身处地地感受孩子，就能打开孩子的心扉，走入孩子的内心。

特别是当孩子在外面受到委屈的时候，父母先不要急于批评孩子，而是要多多安慰和鼓励孩子。回想起自己曾经走过的青春之路，父母就会知道，在成长的道路上总是会有各种坎坷和挫折，孩子也依然会面对这些问题。面对日渐沉默的孩子，父母还要耐心细致，能够观察到孩子在情绪方面的细微变化，及时帮助孩子消除负面情绪，这样才能够让孩子保持心理健康。

其次，要设身处地地为孩子着想。很多父母与孩子之间都会存在代沟，尤其是在进入青春期之后，孩子的主见越来越强，那么父母与孩子出现分歧的概率也就会更大。在此过程中，父母不要总是试图指挥和控制孩子，而是要给孩子更为自由的成长环境。毕竟孩子已经长大了，他们有了自己的想法，如果父母还是一味地想要指挥孩子，那么就会遭到孩子的反抗，使亲子关系变得紧张。

必要的时候，父母还可以和孩子进行换位思考，即站在孩子的角度设身处地地为孩子着想，从孩子的角度出发思考问题，理解和体验孩子的感受。这样一来，父母就能切身体会到孩子的感受，也能在此过程中赢得孩子的信任。孩子并不是不愿意向父母倾诉，而是因为他们的倾诉并没有得到想要的回应。设身处地地为孩子着想，进行换位思考，恰恰是消除与孩子之间沟通屏障的有效方法。

再次，父母一定要控制住自己对孩子说教的欲望，不要总是对孩子唠唠叨叨。沟通的目的是进行心灵的交流和理解。沟通要想起到预期的作用，并不在于反复唠叨，也不一定在于追问孩子，对孩子寻根究底。沟通在达到一定的境界之后，会起到此时无声胜有声的效果。父母与孩子之间只需要一个会意的眼神，一个亲近的肢体动作，例如拥抱或者拍拍肩膀，就能起到沟通的效果。如果父母与孩子平日里就经常进行沟通，彼此心意相通，甚至不需要说什么，就能够起到沟通的效果。所以，父母要把握好沟通的限度，不要让过度的语言对沟通起到阻碍作用。

最后，父母要真正平等地对待孩子。很多父母在孩子面前摆出一副高高在上的姿态，他们觉得自己是父母，作为家庭生活中的权威，就有权命令孩子，管控孩子。在进入青春期之后，孩子的自尊心越来越强，如果父母不能尊重和平等对待孩子，就会激起孩子的逆反心理，使孩子更不愿意与父母沟通，还有可能会故意与父母对着干。如果不想看到这样的情形发生，父母一定要真正平等地对待孩子。

总而言之，家庭教育是要在有效沟通的前提下才能进行的。要想了解孩子，父母一定要把握好沟通时机，也要仔细了解孩子的心情，从而选择以最合适的方式与孩子沟通。最好在那些比较放松的时刻和孩子沟通，例如在吃完晚饭之后，或者是在观看电视节目的时候，找一个合适的契机与孩子展开交谈，将会起到事半功倍的效果。最好不要随意地问孩子一些问题，也不要不顾孩子正在做着一些事情，就要求孩子必须回答自己的问题，这都是不尊重孩子的表现。

多鼓励，少批评

父母对孩子的要求越高，就越是会频繁地对孩子感到不满意。在现实生活中，对于孩子而言，父母是最亲近、最值得信赖的人，有一些年幼的孩子还缺乏自我评价能力，他们甚至会把父母对他们的评价作为自我评价。在这样的情况下，如果父母对孩子的期望过高，就会让孩子产生巨大的压力。虽然父母对孩子怀有期望是人之常情，但前提是要经常鼓励孩子，而不要总是批评孩子。正如人们常说的，好孩子都是夸出来的。父母能否慷慨地夸赞孩子，对孩子表达自己的期望呢？

孩子的成长是一个漫长的过程，而且有其内在的规律可循，所以人们才会说教育孩子是三分教育，七分等待。这意味着父母要有足够的耐心等待孩子慢慢长大，也意味着父母要有教育的智慧，不要总是催促孩子，更不要因为心急就否定孩子。

美国心理学家罗森塔尔曾经和他的同事进行过一个实验，这个实验证明了罗森塔尔效应。罗森塔尔效应证明了心理暗示对孩子产生的强大作用。在这个实验中，罗森塔尔和助手随机抽取了一部分学生，并且告诉学校的校长和老师，这些学生将来都会非常了不起。在得到罗森塔尔的暗示之后，老师和校长都对这些学生刮目相看，而且在学习上也对这些学生寄予了很高的期望。

结果让罗森塔尔和助手都很惊奇。过了一段时间之后，罗森塔尔和助手又来到这所学校，发现那些被他们随机抽取出来的学生，在老师和校长的期望之下，真的有了非常明显的进步。就连那些原本学习成绩很糟糕、品行不端的学生，也变得追求上进，越来越优秀。这充分证明了对孩子的爱和期望，能够对孩子产生巨大的感召力和推动力。在家庭教育中，父母要对孩子倾注自己的爱，要对孩子充满信心，不管孩子的表现如何，父母都要坚持鼓励孩子，都要多多赞赏孩子。当父母的期待在孩子身上产生神奇的作用时，孩子就会有非常明显的转变。

看到这里，也许有些父母会说，孩子不可能在每个方面的表现都特别好，也不可能永远得到我们的鼓励。有的时候，孩子的表现真的特别糟糕，我们难道也不能批评孩子吗？当然不是。我们虽然说要少批评孩子，但并不是说绝对不能批评孩子。对于孩子的成长来说，批评也是非常重要的。这是因为有一些孩子很容易由于粗心、骄傲等原因犯错误，那么父母就要适时批评孩子。

为了避免批评抵消鼓励对于孩子产生的积极作用，在批评的时候要讲究方式方法。例如，不要当着他人的面批评孩子。孩子虽然小，但是也有自尊心，也非常爱面子，如果父母当着他人的面批评孩子，就会让孩子感到丢了面子，自尊心受到伤害，甚至会破罐子破摔。在公开场合，如果需要当即向孩子指出错误，父母可以和孩子到人少的地方，或者是去比较隐秘的角落里，告诉孩子应该怎么做，这样孩子会更容易接受。

有些父母在批评孩子的时候言辞犀利，甚至会给孩子贴上负面的标签，这会让孩子产生错误的自我认知。在成长的过程中，每个孩子都会犯错误，根本不犯错误的孩子是不存在的。父母要接纳孩子犯错误，也要认识到犯错误是孩子成长的必然表现。当孩子犯错误的时候，最重要的目的是改正错误，而不是对孩子劈头盖脸地数落。在批评孩子的时候，要根据孩子的性格特点采取不同的方式，对于内向自卑的孩子要更加委婉，对于那些外向张扬的孩子，可以侧重于打击，从而让他们戒骄戒躁。

有一些孩子的心理承受能力比较差，缺乏自信心，那么父母在批评孩子的时候，还可以采取“三明治批评法”。所谓“三明治批评法”，就是先表扬孩子，让孩子感到内心充满了希望，然后再为孩子指出错误，最后还要对孩子表达自己的预期，表现出对孩子的信任。这样孩子才更容易接受父母的批评，也才会主动改正错误，做出更好的表现。

父母的鼓励是孩子的最大动力，每个孩子从心底都渴望得到父母的肯定、赞扬和鼓励，这会使他们感受到自己是被认可的，也获得成功的体验。最重要的是，他们能够在心理和感情上获得满足。父母如果经常鼓励孩子，表达出自己对孩子的殷切希望，那么孩子就会具有更强的动力，争取让自己表现得更好。当然，在孩子成长的过程中，批评也是必不可少的，父母一定要讲究批评的方式方法，才能让批评收到更好的效果。

主动认错、诚恳道歉并不难

在很多家庭教育中，父母都会表现出一副高高在上的权威者形象。他们会把批评孩子作为己任，但是却忽略了对自己进行反省，也不会对自己展开批评。他们认为，如果反省自己的错误，展开自我批评，会损害自己在孩子心目中威严的形象。而实际上，如果父母明知道自己错了，却拒绝向孩子道歉，也放不下面子，不愿意向孩子承认错误，那么反而会给孩子做出错误的榜样，使孩子也不愿意承认错误。

在家庭教育中，批评是父母教育孩子经常会用到的手段，在批评的过程中，父母能够磨砺孩子的性格，让孩子的心理承受能力变得更强。然而，批评是要讲究方式方法的，批评不当就会损害孩子的自尊心，让孩子自暴自弃。如果批评能够产生良好的效果，就能够让孩子在认识错误的基础上，积极地改正错误，也在未来有更好的表现。遗憾的是，在现实生活中，父母在批评孩子的时候，往往只是根据自己的心理需求选择以怎样的语言和措辞来对待孩子，而会忽视孩子的心理需求，这使得批评往往不能起到预期的效果。也有一些父母会因为情绪冲动，对孩子肆无忌惮地说出一些过激的话，导致孩子的内心受到伤害。不得不说，这些方式都是应该尽力避免的，对于家庭教育会起到相反的效果。

父母只做到正确地批评孩子还是远远不够的，在家庭教育中，父母有的时候也会犯错误，那么如果孩子发现父母犯了错误，父母又应该怎么做呢？太多的父母都是采取逃避的方式，他们既不愿意进行反省，也不愿意当着孩子的面承认错误。父母之所以用这种不当的方式维护自己在孩子面前的尊严，是因为他们对尊严产生了误解，觉得所谓尊严就是象征不会犯任何错误。古人云，人非圣贤，孰能无过。每一个人都会犯各种各样的错误，虽然孩子犯错误会比较多，但是成人也会犯一些错误。父母在发现自己犯错的时候，为了给孩子做好榜样，应该主动地向孩子承认错误，并且诚恳地向孩子道歉，这样反而能够在孩子面前树立起自己光辉高大的形象，也可以用实际行动教育孩子，让孩子成为一个勇敢的、有担当的人。

很多父母与孩子之间的关系剑拔弩张，导致亲子沟通也面临很多障碍，都是因为父母不能放下自己的尊严，即使错了也不愿意向孩子承认错误。看到这里，相信父母们都会有一个新的认知：当发现自己确实做错了的时候，与其无理辩三分，不如勇敢地向孩子承认错误，并且诚恳地做自我批评。这样一来，孩子看到父母在犯错的时候会进行自我批评，那么当父母对他们进行批评教育的时候，他们也会更加虚心地接受。此外，也可以借此机会告诉孩子，每个人的能力即使再强，也不可能绝对避免犯错，所以不管是父母还是孩子，都应该谦虚，这样才能面对错误有则改之，无则加勉。

一切良好的家庭教育都要以父母端正心态、摆正教育的观点为基础。如果父母对于教育总是怀着固有的观点，不愿意与孩子坦诚相见，那么这样的家庭教育就很难开展下去。亲子关系在很长一段时间内，都由父母占据着主导地位，所以父母以怎样的心态与孩子相处，将会影响亲子关系，也将会决定家庭教育的效果。

很多时候，父母还会带着主观的态度，先入为主地判断孩子。例如，面对一件事情，父母只看到了表象，还不知道真正的经过，就会对孩子劈头盖脸地一顿数落，这往往会让孩子感到非常委屈。当父母发现自己批评错了孩子，让孩子承受了委屈之后，又应该怎么做呢？很多父母都觉得孩子被批评也没有关系，很快就会忘记的。殊不知，在孩子心中，这件事情也许会留下深刻的印象。父母可以设身处地地想一想，如果自己被他人误解或者受了委屈，又会怎么想呢？在这么设身处地为孩子着想之后，相信父母会知道自己应该怎么做。

这个世界上，很多职业在上岗之前都会进行岗前培训，唯独父母没有岗前培训。而和世界上所有其他职业相比，当好父母都是难度最大的，也是所有父母需要毕生从事的工作。既然父母是第一次当父母，孩子也是第一次当孩子，那么父母就要学会反省，时刻反思自己的错误，也积极地改正错误，还要学会包容孩子。要知道，孩子毕竟是第一次当孩子，难免会犯各种错误。当父母怀着这样的心态与孩子相处，以这样的态度进行家庭教育时，相信一切都会水到渠成。

当好孩子的“偶像”

有人说，父母是孩子的老师；有人说，父母是孩子的朋友；有人说，父母是孩子人生的引导者；也有人说，父母是孩子的小伙伴。父母到底应该成为孩子的什么人，这是由家庭生活中父母与孩子的角色定位所决定的。要想成为合格且优秀的父母，要想在孩子面前具有影响力，父母就要成为孩子的第一任偶像。

孩子的模仿能力是非常强的，在家庭生活中，孩子与父母每天朝夕相处，所以他们会把父母的一言一行、一举一动都看在眼里，而且会在不知不觉间模仿父母的言谈举止。正是因为如此，人们才说父母是孩子的老师。然而，父母要想当好孩子的老师却并不容易，这是因为父母不但要身正示范，还要对孩子产生影响力。所以说，当父母这位老师达到一定的境界之后，他们就会成为孩子的偶像，把孩子变成自己的粉丝，这真的是一件值得父母骄傲的事情！

生活中，人们常常说谁养的孩子就像谁，也会说孩子是父母的影子，还会说孩子是父母的镜子。这是因为孩子不管做出怎样的举动，不管有怎样的表现，都是与父母密切相关的。孩子从呱呱坠地的那一刻开始，就接受父母无微不至的照顾，他们每天都和父母生活在同一个屋檐下，可想而知父母将会对孩子发挥多么强大的影响力。

即使在走出家门，走入校园之后，孩子每天也有大量时间和父母相处。又因为父母是孩子最信任和最尊重的人，所以孩子对父母也是非常依赖的，与父母之间的感情很深厚。孩子小时候往往会非常崇拜父母。他们的衣食住行都要仰仗父母的照顾，而且在成长的过程中，父母也会为他们答疑解惑。不知不觉间，孩子就会对父母产生崇拜之情。然而，随着不断成长，很多孩子对于父母的崇拜之情都渐渐变淡了。如果父母能够一直在孩子面前表现得非常好，得到孩子的崇拜，那么父母对孩子的影响力就会更加强大，父母对孩子开展教育也会特别顺利。

孩子具有超强的模仿力，所以才会成为父母的镜子。孩子很崇拜父母，所以父母才会成为孩子的偶像。要想当好孩子的偶像，父母就要让自己身正示范，从而对孩子起到无声的教育作用。很多父母在教育孩子的过程中喜欢喋喋不休地向孩子讲述很多大道理，实际上，这样的讲述并不能起到良好的效果。在一切家庭教育中，身教的作用都大于言传。如果父母能够适时地用语言点拨孩子，而坚持以实际行动给孩子做好榜样，那么相信家庭教育将会起到春雨润物细无声的最佳效果。

在没有孩子之前，很多年轻人的生活都是非常随性的，说话做事也都随心所欲，但是在有了孩子之后，就必须知道自己将会对孩子起到影响，所以要谨言慎行。现实生活中，经常会发生这样的情况，那就是父母对孩子千叮咛万嘱咐，希望孩子能够好好学习，但是父母在叮嘱完孩子之后，自己转身就去玩电子游戏了，或者看无聊的电视剧，在这样的情况下，孩子怎么能够安心地完成作业，努力学习呢？父母想让孩子做好的事情，自己首先应该做好，这是对孩子无声的教育。

在不同的家庭里，孩子的生活习惯是不同的。例如，在医护人员的家庭里，因为父母是医护人员，非常爱干净，所以孩子也会穿戴得整整齐齐、干干净净；如果父母都很邋遢，那么孩子也会不爱干净，穿得脏兮兮的，给人留下糟糕的印象；如果父母都很喜欢吃零食，那么孩子也会养成吃零食的习惯；如果父母坚持自律，那么孩子也会对自己高标准严要求。正因为如此，人们才说龙生龙，凤生凤，老鼠的儿子会打洞。由此可见，父母对孩子的影响多么大而深远。

与学校教育的系统相比，父母对孩子的教育并不那么系统，也没有统一的模板。父母教育孩子的主要方式就是做给孩子看，是身教在发挥作用。身教是在日常生活中进行的，往往是父母在无意识之间做出来的，所以这就对父母提出了更高的要求。既然教育无时无刻不在进行着，父母就要每时每刻让自己保持最佳形象，成为孩子的偶像，成为孩子学习和模仿的榜样，也给予孩子积极的影响作用。

无条件接纳孩子，激发孩子的成长力

曾经，有一个小学高年级孩子在给父母留下了一张小小的字条之后，结束了自己稚嫩的生命。字条上只有寥寥数语，大概意思是说自己太累了，不管怎么努力都不能让老师和父母满意，都不能成为父母的骄傲。得知这张字条的内容，再想想逝去的稚嫩生命，每一个为人父母者都会感到心痛和惋惜。原本，孩子正处于人生中最美好的成长阶段，就像初升的太阳充满了朝气，就像娇艳的花朵绽放着美丽，为何就选择结束生命，再也不留恋这个美好的世界，再也不想和亲爱的父母相依相伴了呢？一个人如果选择了死，那一定是因为他觉得生比死更难。

现实生活中，很多父母都会发现，越是严格管教孩子，孩子反而越是叛逆，非但不会按照父母所说的去做，不会让自己的表现符合父母的预期，还会反其道而行之，故意与父母唱反调，和父母对着干。看着渐行渐远，甚至和自己怒目相视的孩子，父母感到迷惘困惑，不知道如何才能对孩子进行更有效的教育。实际上，这是孩子的逆反心理在发挥作用。

孩子在成长的过程中会经历三个叛逆期。第一个是宝宝叛逆期，在孩子两三岁时出现。孩子两三岁时自我意识发展，他们不愿意凡事都听从父母的安排，而是会变得越来越有主见，所以很多父母都会发现两三岁的孩子很“讨厌”，完全不像小时候那么好沟通，也没有小时候那么听话乖巧。第二个叛逆期在孩子七岁到九岁时出现，叫成长叛逆期。这个阶段，孩子正在就读小学中年级，他们越来越独立，也越来越叛逆。一个最明显的表现是，原本孩子很喜欢和父母一起做很多事情，不管父母去哪里，他们都像小尾巴一样跟在父母的身边，但是在进入成长叛逆期之后，他们则变得完全不同了。他们不愿意和父母手牵着手一起出门，也不想每时每刻都跟在父母身边，他们更想和同龄人相处，也会与同龄人相约去做一些事情。第三个叛逆期是孩子成长过程中持续时间最长的叛逆期，即青春叛逆期，简称青春期。在青春期，孩子的身心快速发展，体内激素急剧变化，这使孩子有了很大的转变。青春期通常从十二岁开始，往往要持续到十八岁前后，每个孩子根据自身情况的不同而有不同的表现。在这个时期，孩子陷入矛盾的状态之中，一方面他们把自己想象成“大人”，急于摆脱对父母的依赖；另一方面他们又有些畏惧完全独立。所以处于青春期的孩子简直就是矛盾的综合体，与父母相处的时候会产生各种争执或者分歧，甚至导致亲子关系紧张。

了解了孩子在成长过程中出现的三个叛逆期，父母就更容易理解为何孩子会与父母背道而驰。父母爱孩子，就应该无条件接纳孩子，一旦孩子感受到父母对他们的爱是有条件的，他们与父母之间就会有隔阂。只有无条件的爱，才能打开孩子的心扉，让孩子真诚坦率地面对父母。

对于孩子的一生而言，成长力才是至关重要的，将会决定孩子拥有怎样的未来，拥有怎样的人生。真正高瞻远瞩的父母，固然重视孩子的学习，却知道成长比成绩更重要，而成长力比学习力更重要。要想激发孩子的成长力，父母要做到以下几点。

首先，全盘接纳孩子，包容孩子的缺点和不足。古人云，金无足赤，人无完人。在这个世界上，从没有绝对完美的人和事，孩子也会有很多缺点和不足。偏偏有很多父母都对孩子的成长怀有急功近利的心态，他们希望孩子有更出色的成长表现，有更快速的进步。然而，他们唯独忽略了一点，父母是不完美的，孩子也是不完美的。作为父母，如果不能赏识和认可孩子，总是对孩子挑剔苛责，孩子又哪儿来的信心面对竞争激烈而又残酷的现实呢？由此可见，父母无条件接纳孩子，对孩子而言至关重要。

其次，不要总是盯着孩子的缺点和不足，而是要挖掘孩子的闪光点，坚持赏识教育。一个人即使内心很强大，也经不起最亲近的人每天否定和打击自己。很多父母抱怨孩子不知道感恩父母，却不知道在孩子心目中父母有多么重的分量。每一个孩子都渴望得到父母的赏识，这将会给予他莫大的动力。当父母以发现的眼睛看到孩子的与众不同，看到孩子的勤奋和努力，也慷慨地赞美孩子，孩子就会油然而生自信心，在面对成长过程中的各种坎坷和磨难时，也能始终不遗余力地去战胜一切困难。

最后，接纳孩子在成长中的各种表现，接纳孩子的平凡，打造孩子的成长力。每一个新生命呱呱坠地之际，父母就对新生命寄予了殷切的期望。随着孩子不断成长，父母对孩子的期望越来越高，他们不再满足于孩子健康快乐，而是希望孩子出类拔萃、卓尔不凡。父母对孩子有着热切的期盼当然情有可原，但是却不要把自己所有一厢情愿的期望都强加于孩子身上。每个孩子天赋不同，成长的家庭环境、受到的教育等都不同，人生的经历也不同，这就注定了他们会有不同的表现。

作为父母，在教养孩子的过程中，最难的就是从自己对孩子一厢情愿的幻想中抽身而出，根据孩子的资质，根据自己能为孩子提供的各种条件，对孩子寄予可以实现的期望。过高的期望让孩子感到无力，而过低的期望又不能对孩子起到激励和促进的作用，只有恰到好处的期望才能激励孩子不断进取。父母要知道，大多数孩子都是平凡的，并不会成为天之骄子，受到万众瞩目。那么，平凡的孩子如何才能生活得幸福和快乐呢？父母无条件的爱、父母发自内心的赏识，会让孩子把做好自己作为人生最伟大的目标，也因此而感到充实和满足。这正是每一个平凡人最伟大的人生成就。

从现在开始，就让我们当淡定平和的父母，让孩子以生命的内驱力去成长。正如人们常说的，改变可以改变的，接受不能改变的。父母要认识到，在成长的历程中，有很多事情是孩子即使拼尽全力，也不能仅凭着主观意志去改变的。既然如此，为何还要故意刁难孩子，也让自己的内心无处安放呢？如果孩子是条龙，父母就要为孩子呼风唤雨；如果孩子是只凤，父母就要为孩子编织漫天的云锦；如果孩子注定是一个平凡的人，那么陪伴在孩子身边，见证孩子的成长，看到孩子的努力，感谢孩子的付出，不正是我们作为平凡的父母最唾手可得的快乐吗？当父母淡然面对孩子，给孩子更自由和广阔的成长空间，孩子就有可能给父母意外之惊喜！

后　记

随着孩子渐渐成长，还有多少父母记得当新生命呱呱坠地的时候，他们对于新生命最纯真的渴盼？希望这个娇嫩的生命能够健康茁壮地成长，感受到幸福和快乐，这是父母对于孩子最本能的祝福，也是父母对孩子最热切的期盼。随着孩子不断成长，父母对孩子的期望越来越高。

父母不再满足于孩子身体健康，每天都无忧无虑，他们希望孩子在进入校园之后能够成为自己的骄傲，尤其是在每次考试的时候，最好能够遥遥领先，位居第一，这样父母才会觉得骄傲、自豪。然而，不管一所学校里有多少人，只有一个孩子能够位居第一。这就注定了大多数父母如果不能对孩子怀有适度期待，就会对孩子感到失望。在这个充满竞争的时代里，不管是在学校里还是将来步入社会、走上工作岗位，竞争都会与孩子如影随形。

说起竞争，很多父母都感受深刻，也对此有切身的领悟。这是因为父母在社会中、在工作岗位上，也一直处于竞争的中心。父母当然知道竞争的压力多么大，他们发自内心地不希望孩子卷入这样残酷的竞争，但是现实却让父母无奈地接受：每一个人都是社会的一员，都必然要参与到社会竞争之中，这是无法改变的。

对于无法改变的竞争现状，父母又是如何做的呢？大多数父母都把这种压力转嫁到孩子身上，他们对于孩子提出了过高的期望，对于孩子的成长怀着急功近利的心态，甚至希望孩子在一夜之间就能成人成才，尤其是能够考取最高的分数。这样的心态不但会让父母陷入教育焦虑状态，对于孩子的成长也是绝无好处的。

孩子的成长是一个缓慢的过程，需要循序渐进地积累，需要由量变引起质变。偏偏很多父母对孩子的成长都没有耐心，他们希望孩子转眼之间就能够从一株小小的幼苗变成参天大树，这显然是不切实际的幻想。

在孩子的生命安全没有受到威胁之前，父母无法保持淡定的心境，他们总是对孩子提出更高的要求，哪怕孩子已经拼尽全力达到了他们的前一个要求，他们也会当即就提出第二个要求。当有朝一日孩子因为不堪承受压力而选择放弃生命的时候，父母才会醒悟：原来，一切的一切在生命面前都轻如鸿毛，都是不值一提的。但是这样的醒悟来得多么迟啊，是多少孩子用生命换来的啊！这样的醒悟带给父母的只有无尽的遗憾，与其等到悲剧真正发生的时候再去懊悔，不如从现在开始就端正心态，让孩子拥有健康快乐的童年。

人生绝不止学习这一件事情，也不只有竞争这个艰巨的任务需要完成。人生之中会有各种各样的事情发生，只有内心强大的孩子才能给人生交上满意的答卷。父母不要眼睛只盯着孩子的学习成绩，而是要注重孩子的全面发展，培养孩子各方面的能力，这样孩子才能成为真正的人生强者，以从容的姿态拥抱人生。